Herzlich
Willkommen!
See Restaurant
SAAG

DIE BESTEN REZEPTE VOM
WÖRTHERSEE
AUS DER KÜCHE DES HUBERT WALLNER

FOTOGRAFIERT VON **WERNER KRUG**

pichler verlag

See Restaurant Saag

ISBN 978-3-85431-587-2

Bücher aus der Verlagsgruppe Styria gibt es
in jeder Buchhandlung und im Online-Shop

styriabooks.at

Lektorat: Josef Weilguni
Buchgestaltung: designation – Jürgen Eixelsberger, Klagenfurt
Bildbearbeitung: Druckerei Theiss GmbH
Druck und Bindung: Druckerei Theiss GmbH St. Stefan im Lavanttal

INHALT

Wenn nicht anders angegeben,
gelten die Rezepte für 6 Personen

VORWORT

(... AUF EIN WORT, WIE ES DAZU KAM) WARUM ICH DOCH NICHT POLIZIST WURDE ...

Meine Eltern Stefanie und Hubert Wallner führen in St. Valentin in Niederösterreich das Hotel „Grüner Baum". Schon als kleinem Buben wurde mir immer gesagt, dass ich das Hotel einmal übernehmen müsse. Mein größter Wunsch jedoch war es immer, Polizist zu werden. Mein Vater war es, der mich letztlich dazu überredete, zuerst die Hotelfachschule zu besuchen und danach, wenn ich es dann noch immer wollte, meinen Berufswunsch bei der Polizei zu verwirklichen. Ich besuchte also die Hotelfachschule im WIFI St. Pölten, interessierte mich allerdings mehr für das Service als für die Küche. So nebenbei gesagt – ich war ein sehr guter Kellner. Nach dem Abschluss der Hotelfachschule bekam ich meine erste Anstellung bei Heinz Hanner in Mayerling im Service. Da wurde mir zwar bald langweilig, aber die Küche oder vielmehr der Küchenstil von Heinz Hanner faszinierte mich, und plötzlich wollte ich so schnell wie möglich in die Küche wechseln. Leider musste ich nach nur fünf Monaten nach Hause, um meinen Eltern im Betrieb zu helfen, aber für mich stand fest: Ich wollte unbedingt kochen und es auch lernen. Bei einer Reise nach Galtür verschlug es mich zu Hermann Huber in den Almhof, ein Vier-Sterne-Hotel in Wirl, dem Skigebiet von Galtür. Die drei Jahre, die ich dann bei Hermann verbrachte, waren nicht die leichtesten, aber ich konnte viel von ihm lernen, und dort wurde auch der Grundstein für meine Gourmetküche gelegt.

Nach dieser erfahrungsreichen Zeit hatte ich den Wunsch, einmal im Trofana Royal bei Martin Sieberer zu arbeiten. 1999 war es dann endlich so weit, ich hatte eine Stelle als Chef-Entremetier im Hotel Trofana Royal, was mich mit Stolz erfüllte. In den Zwischensaisonen machte ich meistens Station bei anderen renommierten Haubenköchen im In- und Ausland und arbeitete so z. B. im Oman und in Mexiko als Gastkoch. Die folgenden Jahre bis 2003 vergingen wie im Flug, ich hatte es bereits zum Souschef gebracht, und zwischen Martin Sieberer und mir hatte sich eine wunderbare Freundschaft entwickelt. Ich wollte aber noch mehr Auslandserfahrung sammeln, und so führte mich mein Weg nach Zürich. In Küsnacht übernahm ich mit 26 Jahren ein Hotel mit vier Restaurants, zwei Banketträumen für 400 Personen, einem Gastgarten direkt am See mit 700 Sitzplätzen, 35 Köchen, elf Lehrlingen und acht

Küchenhilfen. Es war für mich der blanke Wahnsinn! Ich stand nicht mehr aktiv am Herd, denn ich musste organisieren, planen, Besprechungen und Meetings abhalten, Kostenrechnungen erstellen usw. Aber mir fehlte einfach das Kochen, und so kehrte ich nach drei Jahren Zürich nach Österreich zurück. In Velden am Wörthersee eröffnete ich als Koch das Restaurant „Caramé", mit dem ich einen fulminanten Start hinlegte. Nach vier Jahren erfolgreicher Tätigkeit spürte ich aber wieder den Wunsch nach Veränderung, und ich landete nicht unweit von Velden, am anderen Ende des Sees, im Hotel „aenea" in Reifnitz. Dort war mein Gastspiel allerdings nach nur einer Saison vorüber, denn mein nächster Traum stand schon vor der Verwirklichung. Ein eigenes Restaurant musste es sein – und wie es der Zufall so wollte, kam ich eines Tages mit Robert Glock ins Gespräch, den ich schon länger kannte. Er suchte nach einem Geschäftspartner für sein geplantes Gastronomieunternehmen, und so eröffneten wir gemeinsam im Juni 2010 das „See Restaurant Saag". Robert Glock als Investor und ich als Küchenchef bilden seither ein erfolgreiches Team!

Es macht mir Spaß, jeden Tag für meine Gäste das Beste zu geben, eine ehrliche, österreichische Küche zu präsentieren und das im eigenen Restaurant direkt am Wörthersee.

Ich bin dort angekommen, wo ich ursprünglich gar nicht hin wollte – und ich bin glücklich dabei.

Viel Spaß beim Nachkochen und gutes Gelingen!

Ihr

Hubert Wallner

Hubert Walther

See Restaurant Saag

DAS SEE RESTAURANT SAAG

Haubenkoch Hubert Wallner konnte das „See Restaurant Saag" bereits in der ersten Saison als neuen Hotspot am Wörthersee etablieren. Die Lage direkt am See und die exzellente Küche machten das Restaurant zum Synonym für gehobene Esskultur nicht nur rund um den See, sondern auch für Gäste aus der näheren und weiteren Umgebung.

In der Hochsaison von Mai bis September, aber auch den Rest des Jahres über ist seine österreichisch-mediterrane Küche gefragt, und der Chef darf sich über ein mehr als gut gebuchtes Lokal freuen.

„Mir ist es ganz wichtig, dass meine Gäste sich bei uns wohl und persönlich betreut fühlen", erklärt Wallner seine Philosophie.

Im Sommer werden die Gäste auf der wunderschönen Terrasse mit dem herrlichen Blick über den See verwöhnt, im Winter genießt man die Landschaft durch die großen Panoramascheiben und fühlt sich in der Nähe des wärmenden Kamins wohlig geborgen.

Was die Küche und deren Ingredienzen betrifft, hat Wallner eine ganz klare Einstellung: „Ich verwende vornehmlich Produkte aus biologischem Anbau, freue mich, wenn die Fischer mich mit ihren besonderen Leckerbissen beliefern, und bin sehr glücklich darüber, dass es in der Region Lieferanten mit hervorragender Qualität gibt. In meiner Küche kommen hauptsächlich Bioprodukte aus Österreich auf den Teller. Das ist mein Beitrag zur Nachhaltigkeit", erklärt der Haubenkoch sein Credo.

Wallners Hobbys sind die exquisiten Veronelli-Olivenöle, die er hervorragend einzusetzen versteht, aber auch sein gut gefüllter Weinkeller. „In unserem Weinkeller findet jeder Gast die für ihn passenden Getränke zu den gewählten Speisen." Die rund 580 erlesensten Weine sind Garant dafür.

Wie in der Küche liegt auch bei den Weinen der Schwerpunkt auf ausgewählten österreichischen Qualitätsprodukten, jedoch auch große Weine aus dem Bordeaux, der Toskana und dem Piemont bereichern die Weinkarte. Und auch junge, noch unbekannte Winzer mit Potenzial bekommen die Chance, sich den Gästen zu präsentieren.

See Restaurant Saag

tornado
tornado

Hubert Wallner

BIANCO

MONT D'OR
au lait cru

SILVIA
ANNA

BIO

VORSPEISEN

CAESAR SALAD

„SEE RESTAURANT SAAG“

Zutaten

- *900 g verschiedene Blattsalate (Lollo Rosso, Lollo Verde, Radicchio, Eichblatt und Salatherzen)*

- *etwas frischer Parmesan zum Reiben*
- *4 EL Croûtons*

- *2 TL geröstete Pinienkerne und Kürbiskerne*
- *6 Wachteleier*
- *2 TL Tomaten-Concassée (siehe Grundrezepte S. 184)*
- *je 2 TL Schnittlauch, Petersilie und Kresse*

Für die Vinaigrette

- *1 Eigelb*
- *10 cl Olivenöl*
- *4 cl Weißweinessig*
- *4 cl Champagneressig*
- *ein paar Tropfen Zitronensaft und Worcestershiresauce*
- *etwas Gemüsefond zum Verdünnen*

Das Eigelb mit dem Olivenöl, Essig und Zitronensaft aufschlagen. Essig und Öl sollen sich verbinden, man spricht dabei von einer Emulsion. Nun mit den restlichen Zutaten mischen und abschmecken. Sollte die Vinaigrette gerinnen, das Ganze nochmals mit Eigelb, Essig und etwas Öl aufschlagen.

Die Wachteleier 1½ Min. kochen, in kaltem Wasser abschrecken, schälen und halbieren.

Den Salat mit der Vinaigrette abmischen und mit den frischen Kräutern und dem Tomaten-Concassée in einer Schüssel anrichten. Nun mit den Croûtons und frisch geriebenem Parmesan vollenden und die Wachteleier daraufgeben. Mit den gerösteten Kürbis- und Pinienkernen bestreuen.

Caesar Salad kann zusätzlich mit Sardellenfilets, Avocados, Tomaten, Garnelen, gebratener Geflügelbrust usw. ergänzt werden.

ROLLMOPS

VON DER REINANKE MIT PARADEISERHONIG UND KREN

Zutaten

- *6 Reinankenfilets ohne Haut und Gräten*
- *Salz, Pfeffer, Limette*

- *je 80 g Karotten und Sellerie, klein geschnitten*
- *1 EL Zwiebel*
- *100 g Tomatenmark*
- *100 g Honig*
- *etwas Knoblauch*
- *etwas Olivenöl, Thymian, Rosmarin*

- *je 80 g Rucola, Lollo Rosso, Lollo Verde, Feldsalat, Eichblatt*
- *ein paar Tropfen Olivenöl und Zitronensaft zum Marinieren der Salate*
- *etwas Curry*
- *100 g Crème fraîche*

- *1 St. Kren*
- *Salz, Pfeffer*

Klein geschnittenes Gemüse in einem Topf mit Olivenöl anschwitzen lassen, tomatisieren und leicht miträsten. Dann den Honig, Knoblauch, Thymian und Rosmarin dazugeben und für ca. 15 Min. leicht köcheln lassen; das Ganze abpassieren und mit Salz und Pfeffer abschmecken und kalt stellen.

Die Reinankenfilets in dünne Scheiben schneiden, leicht plattieren und mit Salz, Pfeffer und Limette würzen. Dann mit den marinierten Salaten füllen und zusammenrollen. Mit dem Paradeiserhonig einpinseln und mit frischem Kren bestreuen.

Mit Crème fraîche abschmecken und in der Mitte des Tellers platzieren, dann den Fisch daraufsetzen und mit etwas Curry bestreuen.

LAUWARME GEMÜSETARTELETTE

MIT BASILIKUMPESTO UND WEISSER PARADEISERSAUCE

Zutaten

- *je 1 kleine grüne und gelbe Zucchini*
- *2 EL Olivenöl*
- *1 St. Fenchel, geputzt, in Streifen geschnitten*
- *je 1 roter und gelber Paprika, geschält und in feine Streifen geschnitten*
- *1 Aubergine, halbiert und in Streifen geschnitten*
- *2 Schalotten, fein geschnitten*
- *eine Handvoll Shiitake-Pilze, in Streifen geschnitten*
- *2 Paradeiser, geschält, entkernt und in Würfel geschnitten*
- *Salz, Pfeffer*
- *etwas Knoblauchpaste (siehe Grundrezepte S. 180)*

- *6 Blätterteigplatten mit einem Durchmesser von 8 cm für die Tarteletteformen*
- *Basilikumpesto (siehe Grundrezepte S. 183)*
- *150 ml weißer Paradeiserfond (siehe Grundrezepte S. 185)*
- *etwas Olivenöl*

- *12 Kirschtomaten*
- *1–2 Rosmarin- und Thymianzweige*
- *2 Knoblauchzehen, grob geschnitten*

Die Blätterteigplatten vorbacken.
Die Kirschtomaten würzen, Kräuter, Knoblauch und das Olivenöl darüber verteilen und im Backofen bei 160 °C ca. 15 Min. backen lassen. Danach die Tomaten nehmen und die Haut über den Strunk ziehen.

Einen Teil der Zucchini in feine Scheiben schneiden und die Tarteletteformen damit auslegen. Die Formen vorher mit Olivenöl ausstreichen. Die restlichen Zucchini in feine kleine Streifen schneiden.

In heißem Olivenöl nach und nach Fenchel, Paprika, Aubergine, Schalotten, Zucchini, Shiitake-Pilze und die Paradeiser andünsten. Mit den Gewürzen abschmecken und weich dünsten.
Das Gemüse in die vorbereiteten Tarteletteformen geben und im Ofen bei ca. 140 °C etwa 12 Min. fertig garen. Die schon fertig gebackenen Blätterteigplatten darauflegen und die Form stürzen.

Mit den geschmorten Kirschtomaten, dem Basilikumpesto und dem aufgeschäumten Paradeiserfond servieren.

DRAU-FLUSSKREBSE

MIT MELONE UND GURKEN TAPIOKA

Zutaten

- *12 Flusskrebse*
- *etwas Zitronenolivenöl*
- *etwas geklärte Butter zum Braten*
- *Fleur de Sel*
- *1 TL Schalen von rosa Pfefferkörnern*

- *Rucolaöl (siehe Grundrezepte S. 184)*
- *gemischte Blattsalate*

Die Flusskrebse in einem Topf mit Salzwasser 90 Sek. kochen und danach sofort in Eiswasser abschrecken. Die Krebse ausbrechen, vom Darm befreien und kalt stellen. Die geklärte Butter und das Zitronenolivenöl in einer Kasserolle erwärmen und die Flusskrebse darin einlegen. Mit dem Fleur de Sel und den Schalen der rosa Pfefferkörner durchschwenken und danach anrichten.

Für die warme Wassermelone

- *200 g kernlose Wassermelone*
- *20 ml Melonensirup*
- *etwas Fleur de Sel*

Die Wassermelone mit der Schale (hält die Scheiben fest zusammen) in ca. 2 cm dicke Scheiben schneiden. Danach die Schale entfernen und aus den Scheiben kleine Würfel von ca. 2 x 2 cm schneiden. Zum Erwärmen die Würfel auf einen Teller geben, mit dem Sirup überglänzen, mit dem Fleur de Sel ein wenig würzen und im Hold-o-mat (Warmhalteofen) bei 40 °C 10 Min. erwärmen.

Für die Gurken Tapioka

- *200 ml Gurkensaft*
- *80 g Gurken, fein gewürfelt*
- *4 EL Tapioka-Perlen*
- *Salz, Pfeffer, Zitronensaft*

Die Tapioka-Perlen in Wasser weich kochen, aber Vorsicht: nicht verkochen, und danach in Eiswasser abkühlen. Den Gurkensaft mit Salz, Pfeffer und Zitronensaft abschmecken und passieren, danach die Tapioka-Perlen und die Gurkenwürfel beigeben und gut durchkühlen lassen.

Beim Anrichten die Tapioka-Perlen, die Gurken- und die Melonenwürfel auf dem Teller verteilen.
Mit dem Rucolaöl Kreise ziehen, die marinierten Blattsalate und die Flusskrebse daraufsetzen und servieren.

ALPENLACHS

MIT FRISCHKÄSE UND GREMOLATA

Zutaten

- *600 g Alpenlachs (oder Lachsforelle oder Saiblingsfilet)*
- *Fleur de Sel, Pfeffer, Zitronensaft, Olivenöl Veronelli Leccino*

- *300 g Frischkäse*
- *Fleur de Sel, frische Kräuter*

Für die Gremolata

- *3 kleine Knoblauchzehen*
- *1 Rosmarinzweig, abgezupft und gehackt*
- *1 Thymianzweig, abgezupft und gehackt*
- *4 Scheiben getrocknete Paradeiser, fein gehackt*
- *100 ml Olivenöl*
- *Schale von 1 Zitrone, fein gehackt*
- *Schale von ½ Orange, fein gehackt*
- *½ TL gehackte Blattpetersilie*

Knoblauch, Rosmarin, Thymian und Paradeiser kurz in Olivenöl erwärmen, vom Herd nehmen, Zitronen- und Orangenschale dazugeben und ziehen lassen. Die Petersilie erst kurz vor dem Servieren hinzufügen, damit sie ihre Farbe behält und nicht grau wird.

Den Alpenlachs in dünne Tranchen schneiden und mit Fleur de Sel, Pfeffer und Zitronensaft würzen, ein paar Tropfen Olivenöl darübergeben.

Den Frischkäse in acht Scheiben aufteilen, mit Fleur de Sel und frischen Kräutern verfeinern und mit der Gremolata marinieren.
Nun abwechslungsweise Frischkäse und Fisch zu einer Art Lasagne zusammengeben. Etwas Gremolata rundherum verteilen und mit Blattsalaten verzieren.

JUNGSTIERCARPACCIO

À LA CHEF WALLNER

Wie ich das Carpaccio zubereite, ist ein kleines Geheimnis, welches ich Ihnen aber sehr gerne in Form eines Gutscheines verraten werde.

Zutaten für eine Rolle

- *250 g Rinderfilet*
- *Salz, Pfeffer*

- *3 EL Basilikumpesto (siehe Grundrezepte S. 183)*
- *2 EL geriebener Parmesan*
- *1 Knolle Sommertrüffel*

… Strunk ziehen. Danach diese

GUTSCHEIN

für Gäste, welche mit meinem Kochbuch in das „See Restaurant Saag" essen kommen.

Sie erhalten zu dem aktuellen 5-Gänge-Gourmet-Menü aus der Speisekarte das Carpaccio à la Chef Wallner als 6. Gang ohne Aufpreis und natürlich das Rezept mit einem kleinen Gastgeschenk!

Nach Belieben würzen und …

EINE KLEINE VARIATION VON DER

WÖRTHERSEE-REINANKE

Reinanke roh mariniert mit Verjus

Zutaten

- *2 Reinankenfilets, entgrätet, ohne Haut, in feine Scheiben geschnitten*
- *Salz, Pfeffer, Limettensaft und Verjus zum Marinieren*
- *frische Kräuter wie Basilikum, Petersilie oder Kerbel*

Die Reinanke dünn aufschneiden und die Stücke mit Salz, Pfeffer, Limettensaft und Verjus marinieren. Kurz vor dem Anrichten mit frischen Kräutern wie Basilikum, Petersilie oder Kerbel bestreuen.

Reinanken-Tatar

Zutaten

- *2 Reinankenfilets, entgrätet und ohne Haut, fein gehackt*
- *Salz, Pfeffer*
- *2 TL Olivenöl Veronelli Leccino*
- *Limettensaft und Abrieb von einer ½ Limette*
- *1 TL frischer Kren*
- *1 kleine Schalotte, in feine Würfel geschnitten und blanchiert*

Alle Zutaten zusammengeben und gut durchmischen. Nach Belieben würzen.

Cappuccino von der Reinanke

Zutaten

- *2 Reinankenfilets, entgrätet und ohne Haut*
- *Salz, Pfeffer, Olivenöl*
- *0,5 l Erdäpfelespuma (siehe Grundrezepte S. 176)*
- *0,5 l Krebssauce zum Schäumen (siehe Grundrezepte S. 180)*

Sechs Whiskeygläser zur Hälfte mit heißer Erdäpfelespuma auffüllen, Reinankenfilets in kleine Stücke schneiden, in Olivenöl ansautieren, salzen und pfeffern und dann in die Gläser geben. Krebssauce aufschäumen und die Gläser damit bedecken.

LAUWARMES SUSHI

VON DER LACHSFORELLE MIT HUMMERSAUCE

Zutaten

- *6 Lachsforellenschnitten à 100 g ohne Haut*
- *6 Noriblätter*
- *6 Bl. Frühlingsrollenteig*
- *10 g Wasabi*
- *400 g Sushi-Reis*
- *8 cl Reisessig*
- *Salz, Zucker, Sojasauce*
- *Eiweiß und Öl zum Backen*

- *Hummer- oder Krebssauce (siehe Grundrezepte S. 180)*

Den Rundkornreis unter kaltem Wasser klarspülen, 400 g Wasser aufkochen, Reis zufügen und bei geringer Hitze ausquellen lassen. Essig, Salz, Zucker und Sojasauce erwärmen, bis sich der Zucker aufgelöst hat. Abkühlen und unter den Reis mischen.

Die Lachsforellenfilets leicht würzen, mit Wasabi einstreichen und danach in die Noriblätter einrollen. Den Reis auf die Frühlingsrollenteig-Blätter streichen, mit der Lachsforelle belegen, die Ränder mit Eiweiß einstreichen und zusammenrollen. In heißem Öl ca. 4–6 Min. goldbraun backen. Die Lachsforelle soll in der Mitte noch glasig sein. Die Rollen halbieren und mit der Hummersauce in einem tiefen Teller anrichten.

BEEF TATAR

À LA „SEE RESTAURANT SAAG“

Zutaten

- *600 g Rinderfilet, fein gehackt*
- *Salz, Pfeffer, Cayennepfeffer*

- *100 g Schalotten*
- *80 g Essiggurken*
- *80 g rote Paprika ohne Haut*
- *80 g gelbe Paprika ohne Haut*
  (alles in feine Würfel geschnitten)

- *Sardellenpaste, etwas Paprikapulver edelsüß*
- *2 TL geschnittener Schnittlauch*
- *2 TL gehackte Petersilie*
- *3 TL Ketchup*
- *2 TL Dijon-Senf*
- *Olivenöl Veronelli Raro*

Für das Beef Tatar alle Zutaten zusammenmischen und nach Lust und Laune abschmecken. Für Liebhaber der scharfen Küche kann man auch Chili mit in das Tatar hacken.

Tipp: Man kann zusätzlich von allen Zutaten teelöffelgroße Portionen auf dem Teller anrichten, so kann sich der Gast sein Tatar selber noch abschmecken.

LIAISON VON RIND, KALB UND ROTEN RÜBEN

Zutaten

- *300 g fertiges Beef Tatar (siehe „Beef Tatar à la ‚See Restaurant Saag'", S. 34)*

Für die Roten Rüben

- *120 g gekochte Rote Rüben (gibt es fertig zu kaufen)*
- *Salz, Pfeffer, frischer Kren*
- *Olivenöl Veronelli Raro*

Die Roten Rüben fein hacken, das Olivenöl dazugeben und mit Salz, Pfeffer und dem Kren würzen. Die Roten Rüben dienen als Unterlage für das Beef Tatar.
Das Rüben-Tatar in eine rechteckige Form bringen, 6 x 3 cm, aber nur 0,5 cm hoch. Darauf kommt eine 2 cm hohe Schicht Beef Tatar.

Für das Krenmousse

- *¼ l Milch*
- *25 g Butter*
- *15 g Mehl*
- *2 Bl. Gelatine*
- *65 g Obers*
- *Salz, Pfeffer, Muskat*
- *Kren nach Gefühl und Intensität*

Die Butter zergehen lassen, dann das Mehl leicht anschwitzen und mit der Milch aufgießen (Béchamel), danach gut durchkochen lassen, den Kren dazugeben und mit den restlichen Gewürzen gut abschmecken. Wenn die Masse überkühlt ist, passieren, die eingeweichte und aufgelöste Gelatine dazugeben, das geschlagene Obers unterheben und in ein flaches Blech abfüllen und kalt stellen. Beim Anrichten das Mousse kurz aufrühren und mithilfe eines Spritzsackes auf das Beef Tatar aufdressieren.

Für den rosa gebratenen Milchkalbstafelspitz

- *1 St. Milchkalbstafelspitz (ca. 500 g)*
- *Salz, Pfeffer*
- *Thymian, Rosmarin, Knoblauch, Zwiebel*
- *Olivenöl*

Den Tafelspitz gut parieren. Mit etwas Öl einreiben und danach mit Salz und Pfeffer würzen. Den Tafelspitz nun in heißem Olivenöl von allen Seiten anbraten. Knoblauch und Zwiebel zugeben und kurz vor dem Herausnehmen noch die Kräuter beigeben.
Auf einem Blech im vorgeheizten Ofen bei 88 °C ca. 30 Min. garen, danach die Temperatur auf 60 °C reduzieren und nochmals für 20 Min. garen. Danach den Tafelspitz fein aufschneiden und auf das Krenmousse legen.

Für die Rote-Rüben-Makronen

- *50 ml Rote-Rüben-Saft*
- *20 g Zucker*
- *1 Spritzer Himbeeressig*
- *7,5 g Trockeneiweiß*
- *Prise Salz*

Den Rote-Rüben-Saft mit einer Prise Salz, 5 g Kristallzucker, dem Trockeneiweiß und einem Spritzer Himbeeressig in der Küchenmaschine aufschlagen. Dann den restlichen Zucker langsam einrieseln lassen und weiterschlagen, bis sich der Zucker aufgelöst hat. Die Masse in einen Spritzbeutel füllen und kleine Makronen auf ein Backpapier dressieren und im Dörrgerät für 10 Stunden trocknen lassen.

HOTGAME

VARIATIONEN VON DER GÄNSELEBER

Gänseleber-Rolle in Mango-Gelee

Zutaten

- *200 g Bio-Gänseleber, ungestopft*
- *2 g Fleur de Sel*
- *Pfeffer*
- *2 g Zucker*
- *2 g Pökelsalz*
- *je 1 EL weißer Portwein, Süßwein und Holundersirup*

Für das Mango-Gelee

- *300 ml Mangosaft*
- *3 g Agar-Agar*

Den Mangosaft mit dem Agar-Agar aufkochen und auf ein Blech gießen, erkalten lassen und danach die Gänseleber mithilfe einer Lochtülle linienförmig (ca. 1 cm Durchmesser) dressieren. Die Leber in dem Gelee einrollen und genau abschneiden, sodass man eine geschlossene Rolle erhält. Die Röllchen in Frischhaltefolie eindrehen und kalt stellen.

Den Portwein, Süßwein und Holundersirup gemeinsam auf die Hälfte einkochen lassen. Die Gänseleber bei Zimmertemperatur von der Haut und den Adern befreien. Mit den Gewürzen, dem Zucker und der Reduktion gut verkneten und danach einen Tag im Kühlschrank marinieren lassen. Danach die Leber bei Zimmertemperatur durch ein Passiersieb streichen, gut durchrühren und in einen Spritzsack abfüllen und kalt stellen.

Für das aufgeschäumte Joghurt

- *100 g Joghurt (Magerjoghurt)*
- *etwas Salz und Limettensaft*
- *10 ml Milch*
- *10 ml Obers*

Alle Zutaten verrühren, in eine ISI-Flasche abfüllen und gut durchkühlen lassen.

Foto Seite 38–39

Für das Joghurt-Parfait im Knusperteig

- *120 g Joghurt (Magerjoghurt)*
- *Saft und Abrieb von einer ½ Limette*
- *70 g Eiweiß*
- *50 ml Obers*
- *2 cl Bacardi*
- *20 g Fruchtzucker*

Für den Knusperteig

- *2 Blätter Filoteig*
- *etwas geklärte Butter (ca. 2 TL)*
- *Schalen von rosa Pfefferkörnern*
- *Staubzucker*

Das Joghurt mit dem Bacardi, dem Saft und dem Abrieb der halben Limette und dem Fruchtzucker glatt rühren. Das halbsteif geschlagene Obers unterheben, danach das Eiweiß aufschlagen und vorsichtig einarbeiten.
Die Masse auf ein mit Frischhaltefolie ausgelegtes flaches Blech etwa 1 cm dick aufstreichen und gefrieren lassen. Nachdem die Masse gefroren ist, mithilfe eines rechteckigen Ausstechers ca. 5 x 3 cm große Rechtecke ausstechen und die Parfaitstücke im Tiefkühler aufbewahren.

Ein Blatt Filoteig auf einem Brett auslegen, mit der geklärten Butter bestreichen. Nun mithilfe eines Teesiebs die rosa Pfefferkörner durchreiben, die Schalen auf dem Teig verteilen und den Staubzucker dünn und gleichmäßig aufstreuen. Nun das zweite Blatt darauflegen und dabei darauf achten, dass sich keine Luftblasen zwischen den Teigschichten bilden. Anschließend den Teig in 6 x 4 cm große Rechtecke schneiden.
Nun den Teig zwischen zwei Backmatten geben und im Ofen bei 180 °C ca. 10 Min. backen.

→

Für die Macadamianüsse

- *50 g Macadamianüsse*
- *50 ml Ananassaft, reduziert (100 ml auf die Hälfte einkochen)*
- *30 ml frischer Ananassaft*
- *Mark von einer ½ Vanilleschote*

Die Nüsse halbieren und in einer Teflonpfanne anrösten. Die restlichen Zutaten einmal aufkochen und auskühlen lassen. Die Nüsse in diesem Saft einen Tag marinieren.

Gebratene Gänseleber

Zutaten

- *100 g Bio-Gänseleber, ungestopft*
- *Salz, Pfeffer*

Die Gänseleber in sechs Stücke aufteilen und in einer Teflonpfanne bei starker Hitze von beiden Seiten ca. 1 Min. anbraten, herausnehmen und mit Salz und Pfeffer würzen.

Beim Anrichten aus der Gänseleberrolle 5 cm lange und 1 cm lange Stücke schneiden. Das längere Röllchen immer stehend auf dem Teller platzieren und die kleine Rolle oben querlegen.

Die gebratene Gänseleber anrichten und die eingelegten Macadamianüsse darauf verteilen. Mit dem Joghurt aus der ISI-Flasche kleine Punkte auf dem Teller aufspritzen. Zuletzt das Joghurtparfait zwischen zwei Filoteigchips geben und auf das Teller setzen.

Gänseleber-Crème-brûlée

Zutaten

- *150 g Bio-Gänseleber, ungestopft*
- *150 ml Obers*
- *150 ml Milch*
- *4 Dotter*
- *1 g Salz*
- *2 g Pökelsalz*
- *90 ml weißer Portwein*
- *120 ml Beerenauslese*
- *2 EL Rohrzucker*
- *einige weiße Pfefferkörner*

Das Obers mit der Milch einmal aufkochen, die Leber und das Salz hinzugeben und aufmixen, danach mit den Dottern zur Rose abziehen und passieren. Den Portwein und die Beerenauslese auf 60 ml reduzieren und dazugeben und abschmecken. Die Masse in sechs Moccatassen füllen und im Rohr bei 100 °C Ober- und Unterhitze ca. 15 Min. ziehen lassen.
Die Creme erkalten lassen und vor dem Anrichten mit braunem Rohrzucker karamellisieren.

Gänseleber-Mousse

Für das Gelee

- *80 ml Portwein*
- *etwas Läuterzucker*
- *80 ml Kalbsjus (siehe Grundrezepte S. 179)*
- *2 Bl. Gelatine*

Für das Mousse

- *80 ml flüssiges Obers*
- *150 g Gänseleberterrine*
- *80 ml geschlagenes Obers*
- *3 Bl. Gelatine*
- *auf Wunsch etwas Trüffel*

Für das Gelee die Gelatine einweichen und die restlichen Zutaten erwärmen. Dann die ausgedrückte Gelatine hinzugeben. Für das Mousse das flüssige Obers erwärmen und die in Würfel geschnittene Leber einmontieren, die Gelatine dazugeben und das geschlagene Obers unterheben. Den Boden von runden Formen mit dem Gelee ausgießen und kalt stellen; wenn das Gelee angezogen hat, das Mousse einfüllen und kalt stellen, danach nochmals mit Gelee abgelieren und erkalten lassen. Dann wieder eine Schicht Mousse hineingeben und zum Schluss mit dem Mangogelee abgelieren und wieder kalt stellen.

GEWÜRZ-LAX'N

MIT GRÜNEM APFEL UND RADIESCHEN

Zutaten

- *6 Lax'n-Filets à 150 g*

Für die Beize

- *200 g Meersalz grob*
- *120 g brauner Zucker*
- *8 g schwarze Pfefferkörner*
- *9 g Senfkörner*
- *4 Gewürznelken*
- *8 Pimentkörner*
- *5 g frische Thymianblätter*
- *5 g Fenchelsamen*
- *2 Lorbeerblätter*
- *5 g Sternanis*
- *4 g Korianderkörner*

Für die Beize alle Zutaten in einem Mixer kurz grob mixen und dann über das Lax'n-Filet streuen und für sechs Stunden im Kühlschrank marinieren. Das Filet abspülen, trocken tupfen und in Scheiben aufschneiden.

Die Lax'n hält sich in vakuumierter Form im Kühlschrank für drei Tage. Die Beize kann man luftdicht verschlossen z. B. in Rexgläsern für längere Zeit aufbewahren.

Für das grüne Apfel-Radieschen-Confit

- *1 St. Granny Smith*
- *1 Msp. Ascorbinsäure (Vitamin C) (soll verhindern, dass der Apfel braun wird)*
- *½ TL Blütenhonig*
- *6 Radieschen*
- *etwas Salz*
- *½ TL frisch geriebener Kren*

Den Apfel schälen, eine Hälfte fein reiben, die andere Hälfte in feine Würfel schneiden und das Ganze mit Ascorbinsäure sowie dem Honig vermischen.
Die Radieschen waschen, in feine Scheiben hobeln und etwas salzen, mit dem Kren unter die Apfelmasse mischen.

Den Fisch portionieren, das Apfel-Radieschen-Ragout dünn aufstreichen und das Ganze auf einem Teller verteilen.

SUPPEN

Hubert Wallner

ZWEIMAL MUSKATKÜRBIS

Cappuccino von Kürbis, Curry und Jakobsmuscheln

Zutaten

- *100 g Muskatkürbis*
- *Olivenöl*
- *etwas Weißwein*
- *etwas Curry*
- *6 Jakobsmuscheln*
- *etwas Limettensaft*
- *Salz, Pfeffer*
- *etwas Zucker*

- *100 g Erdäpfel, mehlig*
- *0,1 l Obers*

Die Erdäpfel waschen, schälen und in Salzwasser weich kochen. Mit dem Obers aufmixen. Die Mousseline soll eine glatte Konsistenz haben und leicht flüssig sein. Das Ganze mit Salz würzen. Nun heiß in eine ISI-Flasche abfüllen und zwei Kapseln eindrehen.

Den Kürbis in kleine Würfel schneiden und in einer Pfanne mit Öl anbraten. Mit etwas Weißwein aufgießen, Curry beigeben, mit etwas Salz, Zucker und Pfeffer würzen. Den Kürbis so lange köcheln lassen, bis er weich ist.

Die Jakobsmuscheln ausbrechen, putzen und waschen. Nun halbieren und mit Limettensaft, Salz und Pfeffer würzen; in einer heißen Pfanne mit Öl von beiden Seiten anbraten. Herausnehmen und klein schneiden.

Nun den Erdäpfelschaum in Tumbler abfüllen, den Kürbis und die klein geschnittenen Jakobsmuscheln daraufgeben und das Ganze mit Fischsauce auffüllen.

Foto Seite 48–49

Schaumsuppe und Latte macchiato

Zutaten

- *100 g Schalotten, klein geschnitten*
- *400 g Muskatkürbis, klein geschnitten*
- *100 ml Kürbissaft*
- *1/8 l Weißwein*
- *10 cl weißer Portwein*
- *1 l Gemüsefond (siehe Grundrezepte S. 176)*
- *½ l Obers*
- *Salz, Pfeffer, Muskat*
- *Olivenöl*

Die Schalotten in Olivenöl anschwitzen, nun den Muskatkürbis hinzufügen, kurz mit anbraten, danach mit dem Weißwein und dem Portwein aufgießen, komplett einreduzieren lassen. Anschließend mit dem Kürbissaft, dem Gemüsefond und dem Obers aufgießen.

Das Ganze nun für 20 Min. leicht einkochen und danach mit einem Stabmixer aufmixen und durch ein Sieb passieren. Mit Salz, Pfeffer, Muskat abschmecken.

ESSENZ VON DER WACHTEL

MIT WACHTELROULADE

Zutaten

- *1 kg Wachtelkarkassen*
- *200 g Röstgemüse (siehe Grundrezepte S. 182)*

- *100 g Butter*
- *10 cl roter Portwein*
- *10 cl Madeira*
- *10 cl Cognac*
- *1/8 l Rotwein*
- *1 l Hühnerfond (siehe Grundrezepte S. 178)*
- *10 g Rosmarin*
- *10 g Thymian*
- *etwas Wacholderbeeren, Koriander, Fenchelsamen, Piment, Salz und Pfefferkörner*

- *300 g Klärfleisch von der Wachtel (oder Pute) (siehe Grundrezepte S. 179)*

Die Wachtelkarkassen im Ofen bei 200 °C ca. 20 Min. rösten. Nun in einem Topf das Röstgemüse mit der Butter goldbraun anbraten. Die Wachtelkarkassen hinzufügen und mitrösten lassen. Mit dem Alkohol ablöschen und kurz einreduzieren lassen. Mit dem Hühnerfond aufgießen und die Gewürze hinzufügen, das Ganze nun für ca. 1 Stunde bei kleiner Hitze ziehen lassen. Den Fond im Kühlschrank auskühlen lassen.

Den kalten Fond mit dem Klärfleisch aufstellen und unter ständigem Rühren langsam aufkochen lassen. Nun nicht mehr umrühren, damit der Klärfleischkuchen ganz bleibt, darin enthalten sind die ganzen Trübstoffe.
Die Essenz bei kleiner Hitze zwei Stunden ziehen lassen, danach durch ein Etamin abpassieren; eventuell nochmals mit Salz, Cognac und Madeira abschmecken.

Für die Wachtelroulade

- *8 Wachtelbrüste*
- *200 g Wachtel- oder Putenfarce (siehe Grundrezepte S. 176)*
- *etwas blanchierter Blattspinat, schwarze Trüffel und Croûtons*

Die Wachtelbrüste zwischen einer Frischhaltefolie dünn plattieren. Mit der Farce einstreichen, Blattspinat darauflegen und wiederum mit Farce einstreichen. Nun die gehobelte Trüffel und die Croûtons auf der Brust verteilen und zusammenschlagen.
Mithilfe der Frischhaltefolie kleine Kugeln formen und im Dampfgarer bei 76 °C ca. 18 Min. pochieren.
Die Essenz in einem Glas anrichten, die Wachtelroulade aufschneiden und auf einem Extrateller servieren.

KRÄUTER-CAPPUCCINO

MIT FLUSSKREBSEN UND GEMÜSESCHWAMM

Zutaten

- *1 EL Butter*
- *100 g Schalotten*
- *100 g Champignons*
- *¼ l Weißwein*
- *1 l Gemüsefond (siehe Grundrezepte S. 176)*
- *½ l Obers*
- *1 EL Crème fraîche*

Die Schalotten in der Butter mit den Champignons anschwitzen und mit dem Weißwein ablöschen, das Ganze einreduzieren lassen, mit dem Gemüsefond und dem Obers auffüllen und für 20 Min. leicht köcheln lassen. Abschmecken, aufmixen und durch ein Sieb passieren. Mit Crème fraîche aufmixen und die Kräuterbutter einmontieren.

Für die Kräuterbutter

- *je 2 TL Petersilie, Kerbel, Basilikum, Estragon und Liebstöckl*
- *je 1 TL Rosmarin und Thymian*
- *etwas Obers*

Die Kräuter mit ein wenig Obers in der Moulinette zu einer Butter aufcuttern. Diese Kräuter-Butter-Mischung in die Grundsuppe einmixen.

Für die Flusskrebse

- *12 Flusskrebse*
- *Olivenöl, Salz, Pfeffer und Zitronensaft*

Die Krebse kurz in Olivenöl erwärmen (Tipp: Man kann auch ein wenig von der Kräuterbutter dazugeben), würzen und auf den Gemüseschwamm legen.

Für den Gemüseschwamm

- *50 ml Gemüsefond*
- *40 g Mehl glatt*
- *etwas Salz, Pfeffer und Muskatnuss*
- *3 Eier*

Alle Zutaten zusammen gut verrühren, durch ein Sieb streichen und für zehn Stunden ruhen lassen. Danach in eine ISI-Flasche füllen und diese mit zwei Kapseln versehen. In Plastikbecher ca. 1 cm hoch einfüllen und dann in der Mikrowelle bei höchster Stufe 30 Sek. backen. Aus dem Becher stürzen und mit den Flusskrebsen anrichten.

ERDÄPFEL-SCHAUMSUPPE

MIT GEBRATENEN PILZEN

Zutaten

- *80 g Schalotten*
- *300 g Erdäpfel, grob geschnitten*
- *etwas Muskatnuss, Thymian, Kümmel, Salz, weißer Pfeffer*
- *1/16 l Weißwein*
- *1 l Gemüse- oder Hühnerfond (siehe Grundrezepte S. 176 bzw. S. 178)*
- *½ l Obers*
- *100 g Butter*

- *50 g Champignons, Shiitake-Pilze, Eierschwammerln, Steinpilze (je nach Saison)*
- *Salz, Pfeffer, Muskat und klein gehackter Thymian und Rosmarin*
- *Olivenöl*

- *6 Brotnester für die gebratenen Pilze*

Die Butter in einem Topf schmelzen lassen, darin die Schalotten anschwitzen, danach die Erdäpfel hinzufügen kurz mitschwitzen. Mit dem Weißwein und dem Gemüsefond aufgießen und das Ganze für ca. 20 Min. köcheln lassen. Obers hinzufügen, das Ganze aufmixen, durch ein feines Sieb passieren, auf die Konsistenz prüfen und mit den Gewürzen abschmecken.

Die Pilze klein schneiden und in Olivenöl anbraten. Auf Küchenkrepp warm beiseite stellen. Kurz vor dem Anrichten nochmals in einer Pfanne mit etwas Butter durchschwenken, mit den Gewürzen abschmecken und die frischen Kräuter hinzugeben.

Von einem Bauernbrot sechs Scheiben ganz dünn aufschneiden. Diese im Ofen bei 80 °C ca. 3 Stunden trocknen lassen. Die Scheiben kann man auch in einer Form trocknen lassen und darin die gebratenen Pilze anrichten.

GAZPACHO MIT SCAMPI

ROH & GEBRATEN

Zutaten

- *10 Paradeiser*
- *5 rote Paprika*
- *3 Gurken ohne Kern mit Schale*
- *1/8 l Rotwein*
- *1/16 l Olivenöl*
- *1 St. Toastbrot*
- *Fleur de Sel, Pfeffer, ein wenig Cayennepfeffer, etwas Tabasco*
- *2 EL Champagneressig*
- *etwas Crème fraîche*

Alle Zutaten mixen, danach passieren und nochmals abschmecken. Die Gazpacho kann man in einer Tomate servieren, sie sollte fruchtig würzig schmecken. Die Einlage nun hinzugeben und mit etwas glatt gerührter Crème fraîche servieren – ideal als Erfrischung an warmen Tagen im Sommer.

Als Einlage für die Gazpacho

- *1 TL gelbe und rote Paprika (ohne Haut)*
- *½ Gurke, halbiert, entkernt*
- *1 Schalotte, in Wasser blanchiert (alle Zutaten in feine Würfel geschnitten)*

Für die roh marinierten Scampi

- *6 St. frische Scampi*
- *Salz, Pfeffer, Olivenöl Leccino*

Die Scampi ausbrechen, zwischen einer Frischhaltefolie dünn plattieren und mit Olivenöl, Salz und Pfeffer würzen. Nun die Scampi auf Holzspieße geben und in einem Tiefkühler gefrieren lassen.
Zu der Gazpacho die Scampi als gefrorene Lutscher servieren.

Für die gebratenen Scampi

- *6 St. frische Scampi*
- *Salz, Pfeffer, Limettensaft*
- *Olivenöl zum Braten*

Die Scampi ausbrechen und in Olivenöl anbraten, mit Salz, Pfeffer und Limettensaft würzen.

VELOUTE VOM KNOLLENSELLERIE

MIT KALBSBACKERL-RAVIOLI

Zutaten

- *80 g Schalotten, klein geschnitten*
- *600 g Sellerie, klein geschnitten*
- *⅛ l Weißwein*
- *8 cl weißer Portwein*
- *1 l Gemüse- oder Hühnerfond (siehe Grundrezepte S. 176 bzw. S. 178)*
- *½ l Obers*
- *100 g Butter*

- *200 g gekochte Kalbsbackerl*
- *Salz, Pfeffer, Thymian, Rosmarin*
- *weißer Ravioliteig (siehe Grundrezepte S. 182)*

Die Kalbsbackerl klein schneiden und mit den Gewürzen abschmecken. Den Teig mithilfe einer Nudelmaschine ausrollen und mit den Backerln belegen, nun den Teig darüberschlagen und mit einem Ausstecher halbmondförmig ausstechen. Dann die Teigränder zusammendrücken und in Salzwasser kochen.

Die Butter in einem Topf schmelzen lassen, anschließend die Schalotten anlaufen lassen. Den Sellerie hinzufügen, kurz mitschwitzen und mit dem Weißwein und Portwein aufgießen; einreduzieren lassen und danach mit dem Gemüsefond aufgießen und das Ganze für ca. 40 Min. kochen lassen. Obers hinzufügen und ca. 10 Min. leicht ziehen lassen. Die Veloute nun aufmixen und durch ein feines Sieb passieren.
Die Veloute vor dem Anrichten kurz aufschäumen. Sollte der Schaum zusammenfallen, einen Esslöffel Crème fraîche hinzufügen und nochmals aufschäumen.

¼ Liter Veloute in eine ISI-Flasche geben und auf dem Teller Punkte aufspritzen, die Kalbsbackerl-Ravioli darauf anrichten und mit der restlichen Veloute servieren.

BISQUE VON DRAU-FLUSSKREBSEN

MIT KREBSEN IN PAPRIKABISKUIT

Zutaten

- *200 g Butter*
- *1 kg Hummerkarkassen*
- *½ kg Garnelenschalen*
- *50 g Tomatenmark*
- *200 g Pelati*
- *je 80 g Karotten, Sellerie, Petersilienwurzel und Lauch, in grobe Würfel geschnitten*
- *10 cl Cognac*
- *10 cl Noilly Prat*
- *10 cl Pernod*
- *10 cl Martini*
- *⅛ l Weißwein*
- *1 l Gemüsefond (siehe Grundrezepte S. 176)*
- *½ l Schlagobers*
- *Salz, Pfeffer*
- *1 Lorbeerblatt*
- *je ½ TL Fenchel- und Koriandersamen*
- *je 1 TL Currypulver und Paprikapulver edelsüß*
- *10 cl Holundersirup*
- *50 g Crème fraîche*
- *50 g Mascarpone*
- *2 Beutel Kamillentee*

Die getrockneten Hummerkarkassen und Garnelenschalen in Butter ca. 15 Min. anbraten, dann das Röstgemüse hinzufügen, mit dem Tomatenmark tomatisieren und mit den alkoholischen Getränken aufgießen und etwas einkochen lassen. Dann die Pelati hinzufügen und mit dem Gemüsefond aufgießen, das Schlagobers und die Gewürze beigeben, etwas einreduzieren lassen und dann abpassieren. Mit der Crème fraîche, dem Mascarpone und dem Holundersirup aufmixen und zum Schluss ca. 10 Min. den Kamillentee in die Bisque legen.

Vor dem Servieren die Bisque aufmixen, in Tassen füllen und eine Extraportion Schaum obenauf geben.

Für das Paprikabiskuit

- *18 Flusskrebse*
- *100 g Fischfarce (siehe Grundrezepte S. 176)*
- *3 Eier*
- *2 EL Mehl 700*
- *Salz, Pfeffer*
- *50 g Paprika brunoise, gemischt (am schönsten natürlich in den drei Farben Rot, Grün, Gelb)*

Für das Biskuit die Eier über Dampf warm und danach kalt schlagen. Das Mehl einsieben, die Masse auf ein Blech aufstreichen und danach die Brunoise einstreuen; bei ca. 200 °C für 5 Min. backen. Aus dem Ofen nehmen und einrollen.

Die Flusskrebse für 1 Min. in kochendes Salzwasser geben und sofort in Eiswasser abschrecken. Die Krebse ausbrechen. Das Biskuit mit etwas Fischfarce einstreichen und die Krebse darauf verteilen und einrollen. Bei 80 °C 10 Min. pochieren.

Beim Anrichten die Suppe aufschäumen und mit der Biskuitroulade servieren.

SCHAUMSUPPE VON DER SCHWARZWURZEL

MIT WILDLACHS „MEDIUM“

Zutaten

- *300 g Wildlachs*
- *Salz, Pfeffer*
- *Walnussöl*

Wildlachs in sechs Stücke teilen, würzen und mit Walnussöl beträufeln, auf einem Teller mit Klarsichtfolie abgedeckt im Ofen bei 60 °C ca. 20 Min. durchziehen lassen.

- *80 g Schalotten, klein geschnitten*
- *600 g Schwarzwurzeln, grob gehackt*
- *1/8 l Weißwein*
- *8 cl weißer Portwein*
- *1 l Gemüse- oder Hühnerfond (siehe Grundrezepte S. 176 bzw. S. 178)*
- *1/2 l Obers*
- *100 g Butter*

Die Butter in einem Topf schmelzen lassen. Darin die Schalotten anschwitzen, nun die Schwarzwurzeln hinzufügen, kurz mitschwitzen und würzen.
Mit Weißwein, Portwein und dem Gemüsefond aufgießen und das Ganze für ca. 40 Min. kochen lassen. Obers hinzufügen, das Ganze aufmixen, durch ein feines Sieb passieren, auf die Konsistenz prüfen, abschmecken und fertig.

Die geschäumte Suppe mit dem Wildlachs anrichten und servieren.

KRAFTSUPPE VOM OCHSENSCHLEPP

MIT BEEF-TATAR-GRISSINI

Zutaten

- *etwas Öl zum Braten*
- *500 g Ochsenschlepp*
- *200 g Brustkern*
- *2 l Rindssuppe*
- *je 100 g Karotten, Sellerie und Lauch (Röstgemüse)*
- *100 g Zwiebel, grob geschnitten*
- *20 g Tomatenmark*
- *½ l Rotwein*
- *Lorbeerblätter, Pfefferkörner, Wacholderbeeren, Senfsaatkörner, frischer Liebstöckl, Thymian, Petersilie und Rosmarin*
- *1/16 l Sherry*
- *1/16 l Portwein*
- *1/16 l Madeira*
- *Salz, Pfeffer*
- *½ kg Klärfleisch (siehe Grundrezepte S. 179)*

Ochsenschlepp in Scheiben schneiden, salzen und pfeffern und in erhitztem Fett allseitig scharf anrösten. Dann das Röstgemüse beigeben und mit anbraten. Nachdem das Gemüse Farbe angenommen hat, die Zwiebel hinzugeben und mitrösten, bis alles eine goldbraune Farbe hat. Nun das Tomatenmark beigeben und weiterrösten.

Mit dem Rotwein aufgießen und einreduzieren lassen, diesen Vorgang viermal wiederholen. Danach mit dem Sherry, Portwein und Madeira ablöschen und mit der Rindssuppe auffüllen. Für den richtigen Geschmack kann man noch einen Brustkern hinzugeben und mitkochen lassen. Den Ochsenfond für drei Stunden ziehen lassen. Danach die Gewürze und Kräuter hinzufügen und nochmals eine Stunde ziehen lassen. Den Fond abpassieren und kalt stellen.

Am nächsten Tag den Fond mit dem Klärfleisch aufstellen und langsam unter ständigem Rühren aufkochen lassen. Wenn der Klärkuchen hochkommt, nicht mehr umrühren; nun die Suppe für eine weitere Stunde ziehen lassen, danach durch ein Etamin abpassieren und eventuell mit Salz, Pfeffer, Portwein, Sherry und Madeira abschmecken.

Der Ochsenschlepp wird vom Knochen gelöst und als Suppeneinlage in Würfel geschnitten.

Tipp: Gemüse brunoise kann ebenfalls als Suppeneinlage gereicht werden.

Für die Beef-Tatar-Grissini

- *100 g Rinderfilet*
- *1 Essiggurke*
- *1 Schalotte, in kleine Würfel geschnitten und blanchiert*
- *1 TL Dijon-Senf*
- *2 TL Ketchup*
- *1 Spritzer Worcestershiresauce*
- *1 TL gehackte Petersilie*
- *Fleur de Sel, Pfeffer, Cayennepfeffer*
- *etwas Olivenöl*
- *1 Scheibe Grissini-Brot, gesechstelt*

Das gut zugeputzte Rinderfilet mit einem scharfen Messer ganz fein hacken. Das Fleisch mit sämtlichen Zutaten vermengen, am besten mit einer Gabel. Nun das Olivenöl einrühren. Pikant abschmecken, auf dem gerösteten Grissini-Brot anrichten und mit der Ochsenschleppsuppe servieren.

MELANGE VON DER PASTINAKE

MIT ROTE-RÜBEN-STREIFEN UND AAL-KREBS-CRÉPINETTES

Zutaten

- *400 g Pastinaken, geschält und klein geschnitten*
- *2 Schalotten, klein geschnitten*
- *60 g Butter*
- *10 ml Weißburgunder*
- *1 l Gemüsefond (siehe Grundrezepte S. 176)*
- *¼ l Obers*
- *Salz, Pfeffer, Muskat*

Für die Crépinettes

- *80 g feine Gemüsewürfel, weich gekocht*
- *40 g geräucherter Aal*
- *Kerbel, Dill, Estragon*
- *100 g Forellenfilet*
- *80 ml Obers*
- *1 Msp. Cayennepfeffer*
- *etwas Zitronensaft*
- *24 Krebse*

- *200 g Schweinenetz*
- *Salz, Pfeffer, 1 TL Traubenkernöl*

Für die Garnitur

- *2 EL gekochte Rote Rüben, in feine Streifen geschnitten*

Die Schalotten in der Butter kurz anschwitzen, die Pastinaken hinzufügen und kurz mit anbraten. Mit dem Weißburgunder ablöschen, einkochen lassen, danach mit dem Gemüsefond und dem Obers aufgießen und die Melange so lange kochen, bis die Pastinaken weich sind. Mit Salz, Pfeffer und Muskat würzen und danach aufmixen und passieren.

Das Forellenfilet mit dem Obers cremig cuttern, mit Salz, Pfeffer, Cayennepfeffer und Zitronensaft abschmecken. Nun die Gemüsewürfel, den Aal und die Kräuter mit der Fischfarce mischen und gut abschlagen.

Einen kleinen Schöpfer mit dem Netz auslegen und Farce daraufgeben, zwei Flusskrebse darauf platzieren, würzen und mit Farce abdecken. Das Ganze nun einschlagen. In Moccatassen ein paar Tropfen Traubenkernöl geben und die Crépinettes darin im Ofen bei 76 °C Wasserdampf ca. 12 Min. pochieren. Die Crépinettes aus der Tasse nehmen und in einem Suppenteller in der Mitte anrichten. Wiederum ein paar Tropfen Traubenkernöl darübergeben und mit der aufgeschäumten Suppe anrichten und mit ein paar Rote-Rüben-Streifen vollenden.

CREMESUPPE

MIT KAROTTEN, ORANGEN UND INGWER

Zutaten

- *500 g Karotten*
- *1 Zwiebel*
- *1 kleines Stück Ingwer*
- *½ l Gemüsefond (siehe Grundrezepte S. 176)*
- *2 Orangen*

- *¼ l Obers*
- *Salz, Pfeffer*
- *ca. 1/16 l Weißwein*
- *etwas Butter*

Die Zwiebel würfeln, die Karotten schälen und in kleine Würfel schneiden. In einem Topf etwas Butter zergehen lassen und die Zwiebelwürfel mit den Karotten darin leicht anbraten. Nun mit etwas Weißwein aufgießen und einkochen lassen. Das Ganze mit dem Gemüsefond auffüllen, aufkochen lassen und auf kleiner Stufe etwa 20 Min. köcheln lassen, bis die Karotten weich sind. Währenddessen den Ingwer klein schneiden und die Orangen auspressen. Den Ingwer zur Suppe geben, nochmals für ein paar Minuten ziehen lassen. Nun die Suppe glatt pürieren, Orangensaft hinzugeben und mit dem Obers auffüllen und nochmals aufkochen lassen. Mit Salz und Pfeffer abschmecken und servieren.

Tipp: Man kann auch geröstetes Brot und Kürbiskernöl dazugeben – einige Tropfen Kürbiskernöl über die Suppe geträufelt – ein Gedicht!

BRAGARD
JEUNES RESTAURATEURS D'EUROPE

WARME ZWISCHEN-GERICHTE

SPAGHETTINI

IN STEINPILZRAHM MIT TRÜFFEL

Zutaten

- *250 g Nudelteig (siehe Grundrezepte S. 181)*
- *½ l Steinpilzrahm (siehe Grundrezepte S. 184)*
- *Périgord-Trüffel oder nach Saison auch weiße Alba-Trüffel*

Den Nudelteig mit der Nudelmaschine ausrollen, dabei mit der Stufe 9 beginnen und langsam bis auf Stufe 2 ausrollen. Dabei wird der Teig immer dünner. Nun den Aufsatz für die 2 mm breiten Nudeln nehmen und den Teig durchlassen. Kleine Nudelnester machen und diese auf ein mit Mehl gestaubtes Blech setzen. Die Nudeln kann man sehr gut tiefkühlen, und so hat man immer eine kleine eiserne Reserve.

Die Nudeln in reichlich Salzwasser al dente kochen. Aus dem Wasser nehmen und in etwas Steinpilzrahm durchschwenken. In einem Pastateller anrichten und geschäumten Steinpilzrahm darübergeben. Zur Vollendung mit frisch gehobelter Trüffel noch verfeinern.

GEMÜSETEMPURA

MIT SÜSSSAUREM DIP

Für den Ausbackteig

- *120 g Mehl*
- *140 g Crashed Eis*
- *1 Eiweiß*
- *Salz, Pfeffer*
- *nach Belieben Paprika, Curry oder Kurkumapulver*

Für den süßsauren Dip

- *1 TL gewürfelte Paprika*
- *2 Marillen, entkernt und in kleine Würfel geschnitten*
- *100 g Ananas, in kleine Würfel geschnitten*
- *50 g Mango, in kleine Würfel geschnitten*
- *ca. 1 TL geschälter und fein geriebener Ingwer*
- *10 ml Olivenöl*
- *1 Msp. Paprikapulver edelsüß*
- *1 Msp. Curry*
- *50 ml Essiggurkenfond*
- *30 ml Orangensaft, frisch gepresst*
- *30 ml Hühnerfond (siehe Grundrezepte S. 178)*
- *1 EL Ketchup*
- *1 TL Chilisauce*
- *1 St. Nelke*
- *1 EL Honig*
- *1 EL Sojasauce*
- *½ zerdrückte Knoblauchzehe*
- *¼ Chilischote, fein geschnitten*

- *600 g feste Gemüsesorten wie Karotten, Sellerieknollen und -stangen, Rote Rüben, Fenchel, Kohlrabi, Kürbis, Paprika, Zucchini, Navetten, Champignons etc., in Stäbchen geschnitten*
- *etwas griffiges Mehl*
- *ca. 1 l Erdnussöl zum Frittieren*

Für den Ausbackteig alle Zutaten in einem Mixer aufmixen, bis sich das Eis aufgelöst hat. Danach den Teig für 20 Min. kühl stellen.

Für den Dip die Gemüse- und Obstwürfel in Olivenöl andünsten, würzen, mit Essiggurkenfond, Orangensaft und Hühnerfond auffüllen. Alle Würzzutaten beifügen und so lange kochen, bis das Gemüse weich ist. Danach durch ein feines Sieb passieren und falls nötig nochmals kurz abschmecken.

Das in Stäbchen geschnittene Gemüse in Mehl wenden und durch den Ausbackteig ziehen. Das Erdnussöl auf ca. 180 °C erhitzen und darin das Gemüse goldbraun ausbacken. Anschließend auf Küchenpapier gut abtropfen lassen und ein wenig salzen.

Die Sauce wird extra dazu gereicht.

GESCHMORTE OCHSENHERZPARADEISER

AUF KALBSFILET-CARPACCIO

Zutaten

- *12 Ochsenherzparadeiser*
- *100 g halbfester Ziegenkäse*
- *1 kleiner Bund Thymian*
- *Meersalz und Olivenöl*

Die Paradeiser mit dem Ziegenkäse und dem Thymian spicken. Mit dem groben Ursalz und Olivenöl würzen und für 25 Min. bei 145 °C ins Rohr schieben und schmoren lassen – im Bedarfsfall mit Alufolie abdecken.

- *12 St. La-Ratte-Erdäpfel*
- *grobes Meersalz*
- *Assam-Langpfeffer*
- *etwas Olivenöl*

Die La-Ratte-Erdäpfel in kleine Keile schneiden, in Olivenöl einige Minuten knusprig braten und mit dem Assam-Langpfeffer und Fleur de Sel würzen.

- *400 g Kalbsfilet*
- *etwas Basilikumpesto (siehe Grundrezepte S. 183)*
- *Salz, Pfeffer*
- *Zupfsalate nach Belieben*

Das Filet aufschneiden und mithilfe einer Frischhaltefolie dünn plattieren. Das Fleisch mit Basilikumpesto einstreichen und ein wenig würzen. Nun zusammenrollen und in Frischhaltefolie und Alufolie einwickeln und für zehn Stunden tiefkühlen.

Das Carpaccio auf einer Aufschnittmaschine dünn aufschneiden, mit ein paar Tropfen Olivenöl marinieren und auf einem Teller rund anrichten.
Die La-Ratte-Erdäpfel in die Tellermitte geben und die Paradeiser darauf platzieren. Mit etwas Pesto und Zupfsalaten ausgarnieren.

GEBACKENER CHICORÉE

MIT WALDPILZEN UND SCHWARZER TRÜFFEL

Für die Kräuterpanier

- *200 g getrocknetes Toastbrot ohne Rinde*
- *½ Knoblauchzehe, klein geschnitten*
- *50 g Petersilie*
- *40 g Pecorino*
- *40 g Parmesan*
- *½ Chilischote*
- *Salz, Pfeffer*

Das Weißbrot mit Knoblauch, Petersilie, Pecorino und Parmesan fein cuttern. Mit Chili, Salz und Pfeffer abschmecken.

Für den Chicorèe

- *6 St. Chicorée*
- *½ l Orangensaft, frisch gepresst und gesiebt*
- *1 EL brauner Zucker*
- *Saft von einer Limette*
- *griffiges Mehl und Vollei zum Panieren*
- *Erdnussöl zum Frittieren*

Vom Chicorée die äußeren Blätter ablösen. Orangensaft, Zucker und Limettensaft aufkochen und darin den Chicorée bissfest kochen. Im Fond erkalten lassen, danach gut auf Küchenpapier trocknen. Den Chicorée zuerst in Mehl wälzen, dann durch das Ei ziehen und zum Schluss in der Kräuterpanade wälzen. Im bereits heißen Erdnussöl goldbraun backen und anschließend der Länge nach halbieren.

Für die Waldpilze

- *550 g frische Pilze, grob geschnitten (z. B. Steinpilze, Eierschwammerln, Herrenpilze, Perlpilze etc.)*
- *Olivenöl zum Braten*
- *2 Schalotten, fein geschnitten*
- *½ Knoblauchzehe, fein geschnitten*
- *⅛ l Weißwein*
- *¼ l Obers*
- *1 EL frischer Parmesan*
- *Salz, Pfeffer, Muskat*
- *2 TL frisch geschnittener Schnittlauch*
- *Périgord-Trüffel*

Die Pilze in Olivenöl anbraten. Schalotten und Knoblauch hinzufügen, kurz mitbraten, mit dem Weißwein ablöschen und mit dem Obers auffüllen. Das Ganze ca. 10 Min. leicht köcheln lassen. Mit Parmesan, Salz, Pfeffer und Muskat abschmecken. Zum Schluss den Schnittlauch und ein paar Streifen Trüffel hinzugeben.

Die Waldpilze in einem Pastateller anrichten, den halbierten Chicorée darauflegen und mit frisch gehobelter Trüffel verfeinern.

POCHIERTES EI

MIT GRAMMELN UND ZUCCHINI-MELANGE

Zutaten

- *6 Eier*
- *Salz*

Die Eier in Eigelb und Eiklar trennen. Eiklar mit einer Prise Salz aufschlagen. Nun Frischhaltefolie auslegen, etwas Eiklar mithilfe eines Spritzsacks daraufdressieren, ein Eigelb in die Mitte setzen, mit Eiweiß abschließen und die Frischhaltefolie eindrehen. Den Dampfgarer auf 80 °C Dampf stellen und die Eier für ca. 9 Min. pochieren und danach ausbacken.

Für die Grammelwaffeln

- *2 Eiweiß, steif geschlagen*
- *20 g geröstetes Weißbrot, in sehr kleine Würfel geschnitten*
- *40 g gehackte Grammeln*
- *80 g Kellogg's Special K Cornflakes*
- *Salz*

Backofen auf 160 °C vorheizen. In einer Schüssel alle Zutaten gut vermischen. Auf einer Silikonmatte aufstreichen, eine zweite Matte darüberlegen und im Ofen ca. 5 Min. backen. Herausnehmen und davon Stücke abbrechen.

Für die Zucchini-Melange

- *80 g Schalotten, klein geschnitten*
- *300 g grüne Zucchini*
- *1 EL Butter*
- *1/8 l Weißwein*
- *1/4 l Hühnersuppe*
- *1/4 l Obers*
- *8 cl Noilly Prat*
- *1 EL Crème fraîche*

Die Schalotten in der Butter anlaufen lassen und die Zucchini beigeben. Kurz anschwitzen und mit Weißwein ablöschen. Etwas kochen lassen und mit Obers aufgießen, dann einkochen, mixen, abpassieren und abschmecken. Mit der Crème fraîche und Noilly Prat vor dem Servieren aufmixen.

Die pochierten Eier in einem tiefen Teller anrichten, die Grammelwaffeln darauf platzieren und das Ganze mit der Zucchini-Melange umgießen.

SZEGEDINER VOM ZANDER

MIT KIPFLER-ERDÄPFELN

Zutaten

- *600 g Zanderfilet*
- *Saft von 1 Limette*
- *¼ l Fischrahm (siehe Grundrezepte S. 177)*

- *½ kg Sauerkraut*
- *1 Zwiebel, klein geschnitten*
- *⅛ l Weißwein*
- *½ Knoblauchzehe, fein gerieben*
- *je 1 TL frischer Thymian und Majoran, fein gehackt*
- *1 Msp. Kümmel ganz*
- *10 Wacholderbeeren*
- *3 Lorbeerblätter*
- *6 EL Tomatenmark*
- *2 EL Paprikapulver edelsüß*
- *Fischfond oder Wasser zum Aufgießen für das Kraut nach Belieben*
- *je 1 EL rote und gelbe Paprikawürfel*
- *Salz, Pfeffer*
- *1 EL Maizena*
- *Öl*

- *200 g Kipfler*
- *etwas Kümmel zum Kochen*

Für das Kraut die Zwiebel und den Knoblauch in Öl goldbraun rösten. Mit dem Weißwein aufgießen, das Tomatenmark und das Paprikapulver hinzugeben, kurz durchrühren und mit dem Fischfond aufgießen. 5 Minuten köcheln lassen und dann das Sauerkraut hinzufügen, mit den Gewürzen das Ganze so lange kochen, bis das Kraut weich ist. Danach die Paprikawürfel beigeben und mit Salz und Pfeffer abschmecken. Mit etwas Maizena binden, damit bekommt das Kraut einen schönen Glanz.

Die Kipfler in mit etwas Kümmel aromatisiertem Salzwasser weich kochen, halbieren und in etwas Olivenöl goldbraun anbraten.

Den Zander in sechs Teile portionieren und in Öl auf der Hautseite braten. Nach ca. 4–5 Min. wenden und kurz fertig braten. Mit Limettensaft, Salz und Pfeffer würzen und dann den Fisch bei 60 °C noch für ca. 3 Min. in den Ofen geben.

Die Erdäpfel mit dem Kraut in einem tiefen Teller anrichten, den Zander auf das Kraut setzen und mit etwas aufgeschäumtem Fischrahm servieren.

Tipp: das Paprikapulver nicht mitrösten, da es sehr bitter werden kann.

KANINCHENRÜCKEN „SOUS VIDE“ GEGART

MIT ARTISCHOCKEN, PARADEISERN UND SAUBOHNEN

Zutaten

- *6 Kaninchenrückenfilets*
- *Salz, Pfeffer*
- *Olivenöl*
- *je 20 g Basilikum, Petersilie, Thymian, Koriander und Kerbel (zusammen fein gehackt)*

- *12 kleine Artischocken (Poveraden)*
- *¼ l Olivenöl*
- *¼ l Weißwein*
- *¼ l Gemüsefond (siehe Grundrezepte S. 176)*
- *4 EL Tomaten-Concassée (siehe Grundrezepte S. 184)*
- *100 g Saubohnen, gekocht und geschält*
- *evtl. etwas Limettensaft*
- *⅛ l Kalbsjus (siehe Grundrezepte S. 179)*
- *Rucolapesto (siehe Grundrezepte S. 183)*

Olivenöl, Weißwein und Gemüsefond aufkochen, die halbierten Artischocken dazugeben, weich kochen und im Fond auskühlen lassen.

Die Kaninchenrücken mit ein wenig Öl einreiben, mit Salz und Pfeffer würzen und in frisch gehackten Kräutern wälzen. Nun die Kaninchenrücken in einen Vakuumbeutel geben und vakuumieren. Im Wasserbad bei 60 °C für ca. 20 Min. garen.

Tipp: Wer keine Vakuummaschine besitzt, kann die Kaninchenfilets auch einzeln in Frischhaltefolie einpacken und dann mithilfe einer Alufolie bonbonähnlich eindrehen und so im Wasserbad bei 60 °C für 20 Min. pochieren.

Die Kaninchenrücken erst kurz vor dem Anrichten ausbacken, halbieren und eventuell etwas würzen.

Die gekochten Artischocken in einer Pfanne mit etwas Olivenöl anbraten, Tomaten-Concassée und Saubohnen hinzufügen, würzen und gut durchschwenken, eventuell mit etwas Limettensaft verfeinern. Danach das Gemüse in der Mitte des Tellers anrichten, etwas Kalbsjus rundherum gießen, eventuell auch mit etwas Rucolapesto garnieren und den halbierten Kaninchenrücken versetzt daraufgeben.

GRAMMELKNÖDEL AUF SAUERKRAUT

Für den Knödelteig

- *150 g mehlige Erdäpfel, gekocht und geschält*
- *100 g glattes Mehl Typ 700*
- *40 g zerlassene Butter*
- *3 Eidotter*
- *Salz, Pfeffer, Muskatnuss*

Die lauwarmen Erdäpfel passieren, mit den restlichen Zutaten vermengen und zu einem geschmeidigen Teig verarbeiten.

Für die Grammelfülle

- *500 g grüner Speck*
- *50 g Schalotten*
- *etwas Milch*
- *Knoblauch, Salz, Pfeffer, Petersilie*

Den Speck fein faschieren und mit etwas Milch und Wasser in einem Topf auslassen. Wenn die Grammeln goldbraun sind, abseihen. Noch warm mit den Gewürzen mischen, auskühlen lassen und dann zu kleinen Kugeln formen. Die Grammelfülle mit dem Teig umhüllen und zu Knödeln drehen.

Für das Sauerkraut

- *600 g Sauerkraut*
- *¼ l Most*
- *100 g Speckwürfel*
- *100 g Zwiebel, fein geschnitten*
- *etwas Zucker, Salz, Kümmel*
- *1 Knoblauchzehe*
- *1 kleiner mehliger Erdapfel*

Zwiebel und Speck anschwitzen, mit Zucker leicht karamellisieren, mit dem Most aufgießen und das Sauerkraut mit den Gewürzen weich kochen lassen. Danach den Erdapfel in das Kraut reiben, gut durchmischen, einmal aufkochen. Die Kartoffel dient als Bindung und gibt dem Kraut einen schönen Glanz.

LAUWARMER GABELBISSEN VON FLUSSKREBSEN

MIT SAIBLINGSKAVIAR UND SAIBLING AUS TAINACH

Zutaten

- *18 Flusskrebse*
- *200 g Saiblingsfilet, dünn in kleine Stücke geschnitten*
- *200 g Saiblingskaviar*

Die Flusskrebse in Salzwasser 90 Sek. kochen und danach sofort in Eiswasser abschrecken und ausbrechen.

- *0,4 l Fischfond (siehe Grundrezepte S. 177)*
- *5 g Agar-Agar*

Den Fischfond mit dem Agar-Agar aufkochen, auf ein Blech gießen, stocken lassen und danach mit einem runden Ausstecher (Durchmesser ca. 4 cm) 18 Kreise ausstechen.

- *80 g Karotten brunoise*
- *80 g Gurken brunoise*
- *80 g Schinken brunoise*

Das Gemüse brunoise in Salzwasser weich kochen und in Eiswasser abschrecken.

Für die Sauce hollandaise

- *100 g warme geklärte Butter*
- *3 Eigelb*
- *ca. 5 EL Gemüsefond (siehe Grundrezepte S. 176) oder Weißwein*
- *Saft einer ½ Limette*
- *Salz, weißer Pfeffer*
- *1 Msp. Cayennepfeffer*

Eigelb mit dem Gemüsefond in einem Topf über einem Wasserbad aufschlagen. Wenn man sie zur Rose abgezogen hat, vom Wasserbad wegnehmen und Gewürze hinzufügen. Zuerst tropfenweise die Butter zugeben, dann esslöffelweise einrühren, abschmecken und eventuell nachwürzen. Sauce in ISI-Flasche abfüllen und eine Kapsel dazugeben.

Zum Anrichten werden abwechselnd Gemüse brunoise, Fischgelee, Saibling, Fischgelee, Gemüse brunoise, Fischgelee und Flusskrebse in Whisky Tumbler (oder ähnliche Trinkgläser) geschichtet und im Ofen bei ca. 70 °C für 20 Min. warm gestellt. Danach mit frisch aufgeschlagener Sauce hollandaise abdecken und zur Vollendung je 2 EL Saiblingskaviar daraufgeben.

LAMMFILET

IM BAMBUSKORB GEDÄMPFT

Zutaten

- *600 g Lammfilet*
- *Salz, Pfeffer*

Für die Linsen

- *6 EL Berglinsen*
- *1 Thymianzweig*
- *3 Schalotten*
- *6 EL Balsamico*
- *6 TL Himbeeressig*
- *1/8 l Olivenöl*
- *6 EL Fond aus dem Aromadampf*
- *6 EL Kerbel und Petersilie*
- *Zucker*

Für den Aromadampf

- *1/2 l Lammfond*
- *2 Schalotten*
- *etwas Thymian*
- *3 Zweige Rosmarin*
- *Schale von 1/8 Zitrone*
- *6 Pfefferkörner*
- *1/8 l Chardonnay*

- *300 g Zupfsalate, gemischt*

Die Zutaten für den Aromadampf in einen großen Topf geben und einmal aufkochen.

Linsen mit 6 EL Aromafond, Thymian und den Schalotten weich kochen und mit den beiden Essigsorten und etwas Salz und Zucker würzen. Das Olivenöl unterrühren und zum Schluss Kerbel und Petersilie dazugeben.

Die Lammfilets salzen und pfeffern. In den Topf mit dem Aromafond den Bambuskorb stellen, die Lammfilets einlegen und rosa dämpfen (dauert ca. 8 Min.). Zum Anrichten die Salate auf dem Teller verteilen, die Linsen in die Mitte setzen und das Lammfilet aufschneiden und daraufgeben.

FISCH-
GERICHTE

WALLNERS „BOUILLABAISSE“

VON WÖRTHERSEE-FISCHEN – DIE ECHTE

Zutaten

- *100 g Reinankenfilet*
- *100 g Wallerfilet*
- *100 g Zanderfilet*
- *12 Flusskrebse*

Für den Sud

- *80 g rote und gelbe Karotten*
- *80 g Sellerie*
- *80 g Lauch*
- *80 g Petersilienwurzel*

(alles in feines Brunoise geschnitten)

- *⅛ l Weißwein*
- *1/16 l Pernod*
- *¾ l Gemüsefond*
- *etwas Safran*
- *2 Lorbeerblätter*
- *80 g Tomaten-Concassée (siehe Grundrezepte S. 184)*
- *Salz, Pfeffer, Muskat, Knoblauch zum Würzen*

Das Gemüse in einem Topf anlaufen lassen, mit Weißwein und Pernod ablöschen. Den Fond kurz aufkochen lassen und die restlichen Zutaten hinzufügen. Das Ganze so lange ziehen lassen, bis das Gemüse weich ist. Mit Salz, Pfeffer, Muskat und Knoblauch abschmecken.

Die Fische zerteilen und in den Fond geben. Das Ganze darf nur mehr ziehen, kurz vor dem Fertigwerden die Krebse hinzufügen und anrichten.

ZANDER

MIT PARADEISER-COUSCOUS UND OKRASCHOTEN

Zutaten

- *6 Zanderfilets à 160 g*
- *Salz, Pfeffer*
- *Saft einer ½ Zitrone*
- *Olivenöl zum Braten*
- *12 Okraschoten*
- *evtl. 2 Tomaten, gewürfelt*
- *evtl. Petersilie, Basilikum, Thymian*

- *¼ l Fischrahm (siehe Grundrezepte S. 177)*

Den Zander in einer Pfanne mit Olivenöl auf der Hautseite ca. 5–8 Min. schön kross anbraten, danach kurz wenden und mit Salz, Pfeffer und Zitronensaft würzen. Die Filets für ein paar Minuten im Ofen bei 60 °C (Hold-o-Mat) rasten lassen.

Die Okraschoten halbieren und in einer heißen Pfanne anbraten. Man kann zusätzlich kurz vor dem Anrichten ein paar Paradeiserwürfel und Kräuter hinzufügen.

Für das Paradeiser-Couscous

- *50 g Couscous*
- *100 ml weißer Paradeiserfond (siehe Grundrezepte S. 185)*
- *1 EL Schalotten, fein geschnitten*
- *Olivenöl*
- *Salz, frische Kräuter*
- *1 EL Tomaten-Concassée (siehe Grundrezepte S. 184)*

Olivenöl, Schalotten und Couscous anschwitzen, mit dem Paradeiserfond aufgießen und zugedeckt 8 Min. ziehen lassen. Danach vor dem Anrichten salzen und mit Tomaten-Concassée und frischen Kräutern abrunden.

Das Couscous mithilfe einer rechteckigen Form in der Mitte des Tellers anrichten. Den Zander darauflegen, die Okraschoten rundherum verteilen, eventuell mit etwas Paradeiserpesto vollenden und mit aufgeschäumtem Fischrahm servieren.

Couscous passt zu sehr vielen Gerichten, ich gebe es gerne als Beilage zu Fisch und Krustentieren.

WÖRTHERSEE-REINANKE

MIT GEWÜRZPARADEISERN UND BELUGALINSEN

Zutaten

- *6 Reinankenfilets à 200 g*
- *Salz, Pfeffer, Limettensaft, Olivenöl*
- *Basilikum und Pericon (Winterestragon)*

Für die Gewürzparadeiser

- *100 g Tomaten-Concassée (siehe Grundrezepte S. 184)*
- *1 TL Koriander, gehackt*
- *½ TL Rosmarin, gehackt*
- *½ TL Thymian, gehackt*
- *1 TL Rucolapesto*

Für die Belugalinsen

- *200 g Belugalinsen, gekocht*
- *etwas Gemüsefond (siehe Grundrezepte S. 176)*
- *1 TL Olivenöl*
- *je 1 TL frische Kräuter wie Basilikum, Petersilie oder Bohnenkraut*

Den Fisch in Olivenöl bei milder Hitze anbraten und mit Salz, Pfeffer und Limettensaft würzen. Dann kurz bei 60 °C rasten lassen und mit den Kräutern bedecken.

Das Tomaten-Concassée bei kleiner Hitze erwärmen, mit Salz und Pfeffer würzen, danach mit den Kräutern und dem Pesto vollenden und abschmecken.

Die gekochten Linsen im Gemüsefond erwärmen und abschmecken. In der Mitte des Tellers platzieren, den Fisch daraufsetzen und mit den Gewürzparadeisern belegen.

STEINBUTT

MIT OFFENEN GEMÜSERAVIOLI

Zutaten

- *1–1,2 kg Steinbuttfilet*
- *Salz, Pfeffer, Limettensaft*
- *100 g Butter*

Für den Sud

- *1 EL Oliventapenade (Oliven mit etwas Öl und Sardellen, aufgemixt)*
- *1 EL Kalbsjus (siehe Grundrezepte S. 179)*
- *150 ml Fischfond (siehe Grundrezepte S. 177)*
- *½ TL Thymian, gehackt*

Steinbutt würzen und in der Butter anbraten. Mit dem Fischfond aufgießen, die Oliventapenade, den Kalbsjus und den Thymian dazugeben und im Sud weich dünsten.

Für die Gemüseravioli mit Ratatouille

- *150 g Ravioliteig (siehe Grundrezepte S. 182)*
- *100 g Zucchini*
- *100 g Aubergine*
- *je 40 g rote, grüne und gelbe Paprika*
- *Olivenöl*
- *Salz, Pfeffer, Muskatnuss, etwas Knoblauch, etwas Basilikumpesto*

Das Gemüse waschen und in kleine Würfel schneiden. In Olivenöl anbraten und mit den Gewürzen abschmecken. Den Ravioliteig ausrollen und 18 runde Teigblätter ausstechen. Dann in Salzwasser kochen und in Olivenöl schwenken. In einem Teller lasagneähnlich abwechselnd insgesamt drei Teigblätter und dazwischen jeweils 1 EL Gemüse aufschichten.

Den Fisch in einem tiefen Teller anrichten, mit dem Sud übergießen und mit den Ravioli servieren.

Tipp: Als Deko kann man etwa gegrilltes Gemüse in einem Auberginen-Chip oder eine Ofentomate geben.

LOUP DE MER

IN DER GEWÜRZKRUSTE MIT SELLERIE-MOUSSELINE

Zutaten

- *6 Filets vom Loup de Mer à 180 g*
- *Salz, Pfeffer, Olivenöl*

Für die Kruste:

- *je 2 EL Haselnüsse und Mandeln*
- *je 1 EL Koriander und Sesam*
- *1 TL schwarzer Pfeffer*

Alle Zutaten für die Kruste in einem Cutter mittelfein zerkleinern. Vom Loup de Mer die Haut abziehen und die Filets in die Kruste tauchen. Nun den Fisch salzen und pfeffern und in Olivenöl braten.

Für die Sellerie-Mousseline

- *200 g Sellerie*
- *100 ml Selleriesaft (Knollensellerie entsaften)*
- *¼ l Milch*
- *80 g Crème fraîche*
- *evtl. Salz, Selleriesalz*

Den Sellerie schälen und in kleine Stücke schneiden. Nun im Selleriesaft zusammen mit ¼ l Milch und ¼ l Wasser weich kochen. Den Sellerie ausdrücken und mit der Crème fraîche für ca. 20 Min. aufcuttern. Falls nötig, das Ganze mit Salz und Selleriesalz abschmecken.

- *100 g schwarze entkernte Oliven*
- *150 g Junglauch, in feine Streifen geschnitten*
- *ca. 150 g Brokkoli*

Den Brokkoli in kleine Rosen zerteilen. Diese in reichlich Salzwasser blanchieren und in Eiswasser sofort abkühlen. Vor dem Anrichten die Oliven und den Junglauch in etwas Olivenöl ansautieren. Die Brokkoliröschen hinzufügen und mit Salz und Pfeffer würzen. Die Sellerie-Mousseline in der Mitte des Tellers anrichten. Die Oliven und den Junglauch darauf verteilen, den Loup de Mer obenauf platzieren und mit den Brokkoliröschen garnieren.

SEESAIBLING

IN PETERSILIENWURZELSCHAUM MIT OFENPARADEISERN

Zutaten

- *6 Seesaiblingsfilets à ca. 200 g*
- *Salz, Pfeffer*
- *etwas geschrotete Korianderkörner*
- *Limettensaft*

Die Seesaiblingsfilets in einer Pfanne auf der Hautseite ca. 3–4 Min. braten, danach wenden und die Haut abziehen; salzen, pfeffern und mit den Korianderkörnern und dem Limettensaft leicht würzen. Danach bei 60 °C kurz rasten lassen.

Für den Petersilienwurzelschaum

- *200 g Petersilienwurzeln*
- *1 EL Schalotten, in Würfel geschnitten*
- *1/8 l Weißwein*
- *4 cl weißer Portwein*
- *4 cl Calvados*
- *4 cl Noilly Prat*
- *1 l Gemüsefond (siehe Grundrezepte S. 176)*
- *Olivenöl*
- *Salz, Pfeffer,*
- *Lorbeerblätter, Wacholder, Korianderkörner (die Gewürze in einem Teesackerl mitkochen, so kann man sie leichter herausnehmen)*
- *1 EL Crème fraîche*
- *18 Ofenparadeiser (siehe Grundrezepte S. 182)*

Die Petersilienwurzeln waschen, schälen und in kleine Stücke schneiden. Die Schalotten in einem Topf mit Olivenöl anschwitzen, die Petersilienwurzelstücke hinzufügen und mit anbraten. Zuerst mit dem Weißwein aufgießen, diesen kurz einkochen, danach mit Portwein, Calvados, Noilly Prat und Gemüsefond auffüllen und das Teesackerl mit den Gewürzen dazugeben. Das Ganze nun so lange kochen, bis die Petersilienwurzeln weich sind, dann fein aufmixen, durch ein Haarsieb gießen und abschmecken.

Den Petersilienwurzelschaum mit einem Handmixer aufschäumen und in einem tiefen Teller anrichten, den Seesaibling hineingeben und mit ein paar Ofenparadeisern vollenden.

WALLERFILET AUS DER TEIXLBUCHT

MIT SPECKLINSEN UND ERDÄPFEL-MOUSSELINE

Zutaten

- *1–1,2 kg Wallerfilet*
- *Salz, Pfeffer, Olivenöl zum Braten*

Für die Specklinsen

- *200 g rote Linsen (über Nacht in lauwarmem Wasser einweichen)*
- *100 g Speck*
- *50 g Schalotten*
- *100 ml Obers*
- *je 1 TL Thai-Basilikum, Koriander und Petersilie*

Für die Erdäpfel-Mousseline

- *½ kg Petersilienwurzeln*
- *100 g Sahne*
- *50 g Butter*
- *Salz, Pfeffer, Zitronensaft*

300 g Petersilienwurzeln entsaften und in diesem Saft die restlichen 200 g Petersilienwurzeln, klein geschnitten, kochen. Sollte man zu wenig Petersiliensaft erhalten, diesen mit Wasser auffüllen. Nach ca. 30 Min. die Petersilienwurzeln aus dem Sud nehmen und ausdrücken. Mit den restlichen Zutaten für die Mousseline in einem Thermomix bei 70 °C pürieren und mit den Gewürzen abschmecken.

Den Waller portionieren, würzen und in Olivenöl braten. Kurz bei 60 °C warm stellen. Nun den Speck mit den Schalotten in der Pfanne anrösten, die Linsen hinzufügen und mit etwas Obers aufgießen. Mit frischen Kräutern verfeinern und mit etwas Salz und Thai-Basilikum abschmecken.

Die Mousseline auf Teller geben, daneben mithilfe einer rechteckigen oder runden Form die Linsen setzen und den Waller auf den Linsen anrichten.

FORELLE BLAU

„AUF MEINE ART“

Zutaten

- *1–1,2 kg Lachsforellenfilet*
- *Salz, Pfeffer*

Für den Sud

- *¾ l Gemüsefond (siehe Grundrezepte S. 176)*
- *Lorbeer*
- *Senfsaat*
- *etwas weißer Balsamicoessig*

- *je 80 g Juliennes von Sellerie, roten Karotten und Erbsenschoten*
- *frischer Kren*

- *12 St. La-Ratte-Erdäpfel*

Die Erdäpfel waschen und in Salzwasser weich kochen, auskühlen lassen. Die Gemüsejuliennes blanchieren.

Den Gemüsefond mit den Gewürzen und dem Balsamicoessig einmal aufkochen lassen, nun die Lachsforellenfilets portionieren und in den ca. 80 °C heißen Fond einlegen. Je nach Stärke für ca. 10–18 Min. garen lassen.

Die Erdäpfel in einer Pfanne kurz anbraten, in einem tiefen Teller anrichten, den Fisch ohne Haut darauflegen und die heiße Gemüsejuliennes daraufgeben. Mit frisch geriebenem Kren fertig garnieren.

SOUFFLIERTE LACHSFORELLE

AUF CREMESPINAT MIT KREN-DIP

Zutaten

- *6 Lachsforellenfilets à ca. 180 g*
- *Salz, Pfeffer, Limettensaft und Olivenöl Veronelli Leccino*
- *100 g junge Spinatblätter*
- *1 frische Krenwurzel*

Den Lachs kurz in einer Pfanne bei mittlerer Stufe erwärmen, auf einen Teller geben und mit reichlich Olivenöl übergießen. Im Wärmeschrank bei 60 °C für 20 Min. durchziehen lassen.
Vor dem Anrichten das Öl abgießen und mit Salz, Pfeffer und Limettensaft würzen.

Für den Cremespinat

- *250 g Spinat*
- *Olivenöl zum Aufmixen*
- *Salz, Pfeffer und Muskatnuss zum Würzen*
- *2 EL Obers*

Den Spinat in einem Thermomix mit dem Olivenöl und dem Obers fein aufmixen und mit Salz, Pfeffer und Muskatnuss abschmecken.

Für den Kren-Dip

- *100 g Sauerrahm*
- *70 g Crème fraîche*
- *40 g Tafelkren*
- *30 g halb geschlagenes Obers*
- *Salz, Cayennepfeffer, Zitronensaft*

Alle Zutaten außer dem Obers zusammenmischen und eine halbe Stunde ziehen lassen. Danach die Creme passieren und das Obers unterheben.

Den Cremespinat in einer Pfanne erwärmen und in der Mitte des Tellers anrichten. Den Lachs auf den Spinat legen und mit ein paar Tropfen Olivenöl Leccino beträufeln, mit einem Esslöffel Kren-Dip garnieren und eventuell noch mit ein paar in Olivenöl und Limettensaft marinierten Spinatblättern dekorieren. Mit etwas frisch gehobeltem Kren vollenden.

JAKOBSMUSCHEL IN DER SCHALE

MIT PARADEISERCONFIT

Zutaten

- *6 St. frische Jakobsmuscheln in der Schale*
- *Salz, Pfeffer*
- *6 Blätterteigbahnen (je 20 x 2 cm groß, ca. ½ cm dick ausgerollt)*

Für das Paradeiserconfit

- *ca. 200 g Tomaten-Concassée (siehe Grundrezepte S. 184)*
- *80 g Zucker*
- *1/16 l weißer Portwein*
- *1/16 l Weißwein*

Den Zucker in einem Topf karamellisieren lassen, mit dem Weißwein und dem Portwein ablöschen, aufkochen, bis sich der Zucker aufgelöst hat, und dann das Tomaten-Concassée hinzufügen und einkochen lassen.

Die Muscheln ausbrechen und säubern. In die Schale das Paradeiserconfit geben, die Muschel darauf platzieren, den Deckel daraufgeben und mit dem Blätterteig die Ränder verschließen. Das Ganze nun bei 220 °C ca. 6 Min. im Ofen fertig garen.

Tipp: Die Muschel im Ganzen servieren – der Gast öffnet sie selbst am Tisch, wo sich die Aromen entfalten.

HAUPT-SPEISEN

RINDERFILET „ROSSINI“

MIT RISOTTO UND MEDITERRANEM GEMÜSE

Zutaten
- *6 Rinderfilets à 180 g*
- *Salz, Pfeffer*
- *6 Scheiben frische Bio-Gänseleber à 60 g (oder auch Entenleber)*

Für das Risotto
- *125 g Risottoreis guter Qualität*
- *Salz, Pfeffer, Thymian, Schnittlauch*
- *0,3 l Gemüsefond (siehe Grundrezepte S. 176)*
- *50 ml Olivenöl*
- *3 EL Parmesan, gerieben*
- *10 g Butter*

Für das mediterrane Gemüse
- *je 150 g Karotten, Sellerie, Zucchini und Aubergine, in kleine Würfel geschnitten*
- *3 EL Basilikumpesto (siehe Grundrezepte S. 183)*
- *Olivenöl*

Bei der Zubereitung des Gemüses wegen der längeren Garzeit mit Karotten und Sellerie beginnen. Beides auf ein Blech geben und mit Olivenöl übergießen. Nun im Ofen bei 160 °C ca. 10 Min. garen lassen, danach die Zucchini und Aubergine hinzufügen und mit etwas Salz und Pfeffer würzen. Das Ganze wiederum für ca. 10 Min. ins Rohr geben. Wenn das Gemüse weich ist, in einer Pfanne mit etwas Basilikumpesto durchschwenken.

Den Risottoreis in einem Topf mit Olivenöl anlaufen lassen. Danach schluckweise mit dem Gemüsefond aufgießen. Die Flüssigkeit einkochen lassen und dann wieder mit etwas Fond aufgießen. Das Risotto braucht ca. 14 Min., bis es fertig ist. Kurz vor dem Servieren mit Butter, etwas Salz, Pfeffer und Parmesan abschmecken. Das Risotto mit frischem Thymian und Schnittlauch verfeinern. Ebenfalls zur Vollendung eignen sich je nach Saison Pilze, Trüffel, Bärlauch, Kürbis etc.

Die Rinderfilets würzen und in einer Pfanne mit Öl von beiden Seiten anbraten. Nicht zu lange auf einer Seite liegen lassen, da sie bei der starken Hitze innen einen braunen Rand bekommen. Die Steaks im vorgeheizten Ofen bei 88 °C ca. 20 Min. medium garen, danach bei 60 °C ca. 10 Min. rasten lassen.

Die Steaks auf Tellern anrichten, die Gänseleber darauf platzieren, das Gemüse rund um die Steaks geben und mit dem Risottoreis servieren.

HIRSCHKOTELETT

MIT ROTKRAUT UND GRIESSKNÖDEL

Zutaten

- *ca. 1,2 kg Hirschrücken mit Rippenknochen*
- *Salz, Pfeffer*
- *Wacholderkörner, Koriandersamen und Sternanis, geschrotet*

Für die Grießknödel

- *250 ml Milch*
- *80 g Butter*
- *125 g Grieß*
- *2 Eier*
- *2 EL Semmelbrösel*
- *1 EL Petersilie, fein gehackt*
- *Salz, Pfeffer, Muskat*

Milch, 50 g Butter und Salz aufkochen lassen, würzen, danach ca. 80 g Grieß einfließen lassen und abkochen. Eier und restlichen Grieß daruntermengen, die Masse erkalten lassen und Knödel formen. 4 Min. kochen, danach 10 Min. ziehen lassen und dann die Knödel warm stellen.

Für die Marinade

- *4 EL Preiselbeeren*
- *¼ l Orangensaft*
- *1 EL Zucker und etwas Vanillezucker*
- *je 1 Msp. Zimt, Nelken, Kümmel, gemahlen*
- *je 4 EL Balsamico-, Himbeer- und Champagneressig*
- *Salz, Pfeffer, Muskat*

- *ca. 500 g Rotkraut, geschnitten*

- *20 ml Walnussöl*
- *2 Schalotten*
- *2 Kochäpfel*
- *¼ l Rotwein*
- *1 EL Maizena*

Foto Seite 116–117

Für die Marinade alle Zutaten zusammenmischen und das Rotkraut einen Tag marinieren. Das Walnussöl in einem Topf erhitzen, darin kleine geschnittene Schalotten und Äpfel anlaufen lassen und mit ¼ l Rotwein ablöschen. Dann das Kraut hinzufügen und das Ganze so lange köcheln lassen, bis das Kraut weich ist.

Tipp: Das Kraut mit etwas Maizena abbinden, so bekommt es einen schönen Glanz!

Den Hirschrücken mit den Gewürzen einreiben und von allen Seiten gut anbraten. Im Ofen bei ca. 90 °C 30 Min. rosa braten und danach bei 60 °C ca. 15 Min. rasten lassen.

Die restliche Butter schmelzen, Semmelbrösel und Petersilie hinzufügen und darin die Knödel durchschwenken, das Rotkraut erwärmen und anrichten; den Hirschrücken aufschneiden und servieren.

KALBSBACKEN

AUF ERDÄPFELPÜREE UND GEFÜLLTEM WIRSING

Zutaten

- *6 Kalbsbackerl*

- *je 150 g Karotten, Sellerie und Petersilienwurzel, in kleine Würfel geschnitten*
- *150 g Lauch, klein geschnitten*
- *2 Lorbeerblätter*
- *4 Wacholderbeeren*
- *4 Pfefferkörner schwarz*
- *Salz*
- *2 g Tomatenmark*
- *1/8 l Rotwein*
- *1 l Gemüsefond (siehe Grundrezepte S. 176)*
- *Olivenöl*

Die Kalbsbackerl parieren (zuputzen) und währenddessen in einem Topf mit etwas Olivenöl das klein geschnittene Wurzelwerk anbraten. Wenn das Gemüse eine goldbraune Farbe hat, die Backerl hinzufügen und mitrösten lassen. Etwas Tomatenmark beigeben und kurz mit anbraten, danach mit Rotwein ablöschen, mit dem Gemüsefond aufgießen und Lorbeerblätter, Wacholderbeeren und Pfefferkörner und etwas Salz hinzufügen. Die Backerl brauchen ca. 2 Stunden, bis sie gar sind.

Für den Wirsing

- *6 Wirsingblätter*
- *200 g gemischte Pilze, je nach Saison (man kann auch nur eine Sorte verwenden, die gerade Saison hat)*
- *1 kleine Schalotte, fein geschnitten*
- *Olivenöl*
- *je 1 kleiner Zweig Rosmarin und Thymian*
- *1 TL Petersilie, fein gehackt*
- *Salz, Pfeffer, Muskatnuss und etwas Zitronensaft*
- *20 g Brösel*
- *40 g Parmesan, frisch gerieben*

Die Pilze ganz fein hacken. Öl in einer Pfanne erhitzen und darin die Schalotte anbraten, die Pilze hinzufügen und mitrösten, bis alles eine hellbraune Farbe hat. Danach mit frischen Kräutern, Salz, Pfeffer, Muskatnuss und etwas Zitronensaft abschmecken. Kurz auskühlen lassen und mit Parmesan und den Bröseln mischen.

Foto Seite 120–121

Die Wirsingblätter kurz blanchieren und in Eiswasser abschrecken, damit sie die Farbe behalten. Nun die Blätter in einen kleinen Schöpfer geben, mit den Pilzen füllen und diese gut darin andrücken; mit den überlappenden Blättern abdecken und nochmals gut pressen. Die gefüllten Wirsingblätter im Dampfgarer für ca. 5 Min. auf 90 °C erwärmen. (Sollte kein Dampfgarer vorhanden sein, die Wirsingblätter im Backrohr bei 80 °C Heißluft erwärmen, zusätzlich einen kleinen Topf mit Wasser, etwa 2 cm hoch angefüllt, hineinstellen). Vor dem Anrichten die gefüllten Wirsingblätter mit etwas Olivenöl abglänzen.

Für das Erdäpfelpüree

- *400 g mehlige Erdäpfel*
- *40 g Butter*
- *100 ml Milch*
- *Salz, Pfeffer, Muskatnuss*

Erdäpfel schälen, vierteln, in Salzwasser zugedeckt weich kochen. Abseihen, ausdampfen lassen (eventuell im leicht vorgeheizten Backofen). Mit einem Erdäpfelstampfer zerstoßen, durch die Erdäpfelpresse drücken oder durch ein Sieb passieren. Die Butter dazugeben und schmelzen lassen, einrühren. Die Milch erhitzen, nach und nach unterziehen, sodass ein dickes, glattes Püree entsteht. Mit Salz, Pfeffer und geriebener Muskatnuss würzen.

Tipp: Erhöht man die Buttermenge, wird Ihnen das Ihre Figur nicht danken, Ihr Geschmackssinn aber sehr wohl. Auch mit einem Schuss Schlagobers kann man Erdäpfelpüree gut verfeinern, manche geben einen Hauch Trüffelbutter dazu oder auch geröstete Zwiebeln (Zwiebel schälen, in Scheiben schneiden, Öl in einer beschichteten Pfanne erhitzen, die Ringe darin rösten und auf das angerichtete Erdäpfelpüree geben).

Die Kalbsbackerl auf Tellern anrichten und mit den gefüllten Wirsingblättern und dem Erdäpfelpüree servieren.

RINDERFILET

MIT SARDELLEN UND ROSMARINPOLENTA

Zutaten

- *12 Scheiben Rinderfilet (ca. 2 cm dick)*
- *12 Sardellenfilets*
- *1 Knoblauchzehe*
- *10 Salzkapern*
- *1 TL Zitronenthymian*
- *1/16 l Haselnussöl*
- *1/16 l Apfelsaft*
- *1/16 l Sojasauce*
- *4 EL Honig*
- *1 TL Paprika edelsüß*
- *1 TL Chiliöl*
- *2 EL schwarzer Sesam*
- *1 Bio-Zitrone*

Knoblauch schälen und fein hacken. Kapern hacken und den Thymian abzupfen. Schale der Zitrone reiben. Alle Zutaten außer dem Fleisch und den Sardellen in eine Pfanne geben. Flüssigkeit aufkochen lassen, nun das Fleisch einlegen, kurz garen, wenden und mit den Sardellenfilets belegen. Das Fleisch in der Pfanne durchziehen lassen. Achtung: Das geht sehr schnell!

Für die Polenta

- *2 Schalotten, geschält und fein gehackt*
- *1 kleiner Rosmarinzweig, fein gehackt*
- *Butter oder Olivenöl*
- *80 g weiße Polenta*
- *evtl. etwas Steinpilzmehl*
- *¼ l Milch*
- *Salz, Pfeffer*

In einem Topf Butter aufschäumen, darin die Schalotten anschwitzen. Polenta, Steinpilzmehl und Rosmarin einrühren. Mit der gesalzenen und gepfefferten Milch aufgießen und die Polenta in der Milch gut verrühren. Bei geringer Hitze ca. 20 Min. weich kochen lassen, falls erforderlich, mit etwas Wasser aufgießen.

Das Rinderfilet mit den Sardellen auf der Polenta anrichten – idealerweise verwendet man dafür Pastateller.

KALBSFILET „SOUS VIDE“

MIT JUNGEM MANGOLD UND SELLERIE-MOUSSELINE

Zutaten

- *6 Kalbsfilets à 160 g*
- *Salz, Pfeffer, Olivenöl*

- *200 g junger Mangold*
- *Salz, Zitronensaft, Muskatnuss, Olivenöl*

- *300 g Sellerie*
- *Salz, Olivenöl*
- *100 ml Milch*
- *400 ml Gemüsefond (siehe Grundrezepte S. 176)*
- *1 EL Crème fraîche*

Die Kalbsfilets mit Salz und Pfeffer würzen. Dann in eine Frischhaltefolie einwickeln und im Wasserbad bei 68 °C ca. 40 Min. garen. Aus dem Wasser nehmen und bei ca. 60 °C für ca. 15 Min. ruhen lassen.

Den Sellerie waschen, schälen und in kleine Würfel schneiden. Nun in Milch und Gemüsefond komplett zerkochen lassen. Abseihen und mithilfe eines Etamins den Sellerie gut ausdrücken, den Saft auffangen und beiseite stellen. In einem Cutter das Ganze mit der Crème fraîche, etwas Salz und Olivenöl fein zerkleinern. Sollte die Mousseline zu fest sein, mit etwas Selleriesaft verdünnen.

Die Mangoldblätter mit Olivenöl, Muskatnuss, Zitronensaft und Salz abschmecken.

Serviertipp: Das Kalbsfilet nochmals kurz in einer Pfanne mit Olivenöl schwenken und halbieren. Die Mousseline in der Mitte des Tellers anrichten, die Kalbsfiletstücke platzieren und mit den marinierten Mangoldblättern garnieren.

LAMMRÜCKEN

MIT AROMATEN IM BRICKTEIG

Zutaten

- *6 St. Lammrücken*
- *Salz, Pfeffer Olivenöl zum Braten*
- *6 St. Brickteig*
- *100 g Lammfarce (siehe Grundrezepte S. 176)*
- *6 getrocknete Paradeiser*
- *50 g schwarze Oliven, klein geschnitten*
- *je 1 TL Kerbel und Estragon, gehackt*
- *1 TL Schalottenwürfel, fein gehackt*

Die Lammrücken würzen und anbraten. Die Farce mit den Oliven, getrockneten Paradeisern, Schalottenwürfeln, dem Kerbel und Estragon mischen. Die Brickblätter damit einstreichen, die Lammrücken daraufsetzen und in einer Pfanne von allen Seiten anbraten. Im Ofen bei 170 °C ca. 6–9 Min. rosa braten und danach für 2 Min. rasten lassen.

Für die karamellisierten Schalotten

- *18 geschälte, gleich große Schalotten*
- *4 EL Rohrzucker*
- *20 cl Olivenöl*
- *½ l Lammfond oder Rindsuppe*
- *4 EL Kalbsjus (siehe Grundrezepte S. 179)*

Den Rohrzucker leicht karamellisieren, mit dem Lammfond aufgießen und dann das Olivenöl und die Schalotten dazugeben. Das Ganze für ca. 30 Min. ziehen lassen. Die Schalotten herausnehmen und mit etwas Jus glacieren.

Für die confierten Paradeiser

- *16 St. Paradeiserzungen (geschälte, entkernte und geviertelte Paradeiser)*
- *¾ l Olivenöl*
- *10 Rosinen*
- *2 Thymianzweige*
- *1 Knoblauchzehe, in Scheiben geschnitten*

Alle Zutaten auf ein Blech setzen und mit Olivenöl bedecken. Das Ganze bei ca. 90 °C für fünf Stunden im Ofen confieren lassen.

Die confierten Paradeiser und die karamellisierten Schalotten auf dem Teller arrangieren, den Lammrücken schräg halbieren und auf dem Gemüse anrichten.

REHRÜCKEN

MIT PILZEN ÜBERBACKEN UND ZWEIERLEI VOM KOHLRABI

Zutaten

- *600 g Rehrücken*
- *150 g Wildfarce (siehe Grundrezepte S. 176)*
- *100 g fein gehackte, in Öl angebratene Pilze*
- *Salz, Pfeffer*

Die Farce mit den Pilzen mischen und gut verrühren, eventuell mit Salz und Pfeffer nochmals abschmecken. Anschließend die Farce auf einer Frischhaltefolie aufstreichen und den Rücken darauflegen. Das Ganze einrollen, die Farce muss den Rücken komplett bedecken. Die Rolle in Alufolie einpacken und im vorgeheizten Dampfgarer bei 88 °C ca. 12 Min. pochieren; danach bei 60 °C im Rohr warm stellen.

- *2 St. Kohlrabi*
- *Salz, Pfeffer*
- *Olivenöl*
- *etwas Schalottenbutter (4 Schalotten, fein geschnitten, in 100 g Butter goldbraun gebraten)*
- *50 ml Obers*

Einen Kohlrabi schälen und mithilfe eines Gemüsejulienne-Schneiders zu Spaghetti schneiden. Die Spaghetti in Salzwasser kurz blanchieren, in Olivenöl schwenken und sofort auf dem Teller anrichten. Die braune Schalottenbutter über die Kohlrabispaghetti geben.

Den restlichen Kohlrabi schälen und in feine Würfel schneiden, diese in Salzwasser weich kochen. Etwas Obers erhitzen und darin die Kohlrabiwürfel erwärmen.

Das Kohlrabiragout auf den Teller geben, den Rehrücken auspacken, schräg aufschneiden und zwischen Kohlrabispaghetti und Ragout anrichten.

SCHWEINEFILET

MIT RETTICH UND CURRY-GEWÜRZSAUCE

Zutaten

- *1 kg Schweinefilet*
- *Salz, Pfeffer zum Würzen*

Für die Marinade

- *2 Knoblauchzehen*
- *1 Rosmarinzweig*
- *1 Zitrone*
- *3 Wacholderbeeren*
- *½ TL Paprikapulver edelsüß*
- *1 TL Herbes de Provence*
- *1/16 l Olivenöl*
- *etwas Meersalz*

Knoblauch, Rosmarin, Zitronenabrieb und Wacholderbeeren in einem Mörser zerreiben. Mit Paprikapulver, Herbes de Provence, Olivenöl und etwas Meersalz zu einer Marinade verrühren. Das Schweinefilet in ca. 2 cm starke Medaillons schneiden und für mindestens eine Stunde marinieren.

Für die Curry-Gewürzsauce

- *¼ l Weißwein*
- *1/16 l Estragonessig*
- *2 EL Zucker*
- *1 Thymianzweig*
- *1 Knoblauchzehe*
- *je ½ TL Curry und Kurkuma*
- *etwas Cayennepfeffer*
- *3 EL Crème fraîche*
- *etwas Maizena zum Abbinden (mit Wasser anrühren)*
- *Butter, Salz, Pfeffer*

Wein mit Essig, Zucker, ¼ l Wasser, Thymian und gepresstem Knoblauch in einen Topf geben und bis auf die Hälfte einkochen lassen. Curry und Kurkuma dazugeben sowie eine Prise Cayennepfeffer. Crème fraîche einrühren und einmal aufkochen lassen. Eventuell mit etwas Maizena binden. Thymianzweig aus der Sauce nehmen und mit etwas Butter montieren. Zum Schluss mit Salz und Pfeffer abschmecken.

Für den Rettich

- *500 g Bierrettich*
- *1 mehliger Erdapfel*
- *2 EL Butter*
- *1 EL Honig*
- *1 TL weißer Balsamico*
- *Salz, Pfeffer*

Rettich und Erdäpfel schälen und grob reiben. Mit Butter, Salz, Honig und einem guten Schuss Essig in einen Topf geben und zugedeckt köcheln lassen, bis der Rettich weich ist. Mit Salz und Pfeffer abschmecken.

Schweinefilet salzen und pfeffern und in etwas Olivenöl in einer Pfanne anbraten und im Backrohr bei 80 °C Niedertemperatur ca. 15 Min. fertig garen. Mit dem Rettich und der Sauce anrichten.

Tipp: Eine Cremesauce sieht schöner aus, wenn man sie kurz mit einem Mixer aufschäumt.

MIT FÜNF KRÄUTERN GEDÄMPFTES KALBSFILET

MIT AUBERGINE UND JOGHURTSAUCE

Zutaten

- *1 kg Kalbsfilet*
- *je 2 EL Rosmarin, Minze, Basilikum (African Blue), Estragon und Petersilie*
- *Olivenöl*

Das Fleisch mit dem Olivenöl einreiben, die Kräuter fein hacken, das Fleisch darin wälzen und in eine Frischhaltefolie einwickeln.

Im Dampfgarer bei 72 °C ca. 10–15 Minuten garen.

Für die Auberginen

- *2 Auberginen*
- *2 Paradeiser, klein geschnitten*
- *1 kleine Zwiebel*
- *2 Knoblauchzehen*
- *60 g schwarze Oliven*
- *1 TL Honig*
- *2 TL weißer Balsamico*
- *4 TL Herbes de Provence (Kräuter der Provence)*
- *100 g Joghurt*
- *Salz, Pfeffer*
- *Meersalz*
- *Olivenöl*

Von den Auberginen der Länge nach 18 dünne Blätter abschneiden. Diese in einer Pfanne ohne Öl goldbraun anbraten. Den Rest der Auberginen kleinwürfelig schneiden. Zwiebel und Knoblauch schälen und fein schneiden. Oliven entkernen und hacken. Die genannten Zutaten mit Paradeisern, Joghurt, Honig, einem Schuss Olivenöl, einem Spritzer Essig und einer Prise Herbes de Provence in einen Topf geben und so lange kochen, bis die Auberginenwürfel ganz weich sind. Mit Salz und Pfeffer abschmecken.

Die Hälfte der Auberginenblätter mit der Paste bestreichen und mit den restlichen Auberginenblättern abdecken, auf ein Blech legen und mit grobem Meersalz bestreuen und Olivenöl beträufeln und im Backrohr bei ca. 200 °C 6 Min. garen.

Für die Joghurtsauce

- *2 St. Zitronengras*
- *1 TL Ingwer*
- *3 TL Erdnüsse*
- *½ Knoblauchzehe*
- *1/16 l Schlagobers*
- *250 g Naturjoghurt*
- *1/16 l Weißwein*
- *1 Spritzer Weißweinessig*
- *½ TL Curry*
- *½ TL Kurkuma*
- *Salz, Pfeffer*

Zitronengras sehr fein hacken. Ingwer schälen und ebenfalls feinst hacken. 3 EL Öl mit gepresstem Knoblauch und Obers erhitzen. Mit den restlichen Zutaten glatt rühren.

Die Kalbsfilets auf Tellern anrichten und mit den Auberginenblättern servieren. Die Joghurtsauce extra auftragen.

REHRÜCKEN

MIT BLUMENKOHL-MOUSSELINE UND BALSAMICO-CRANBERRYS

Zutaten

- *1 Rehrücken, ca. 1–1½ kg*
- *Salz, Pfefferkörner, grob gehackt*
- *Kräuter wie Rosmarin, Thymian, Basilikum, Petersilie, Pericon (Winterestragon)*

Den Rehrücken mit den Kräutern einreiben und in Klarsichtfolie einrollen, danach zusätzlich noch in Alufolie einwickeln und die Enden wie bei einem Bonbon zusammendrehen. Nun den Rücken im Dampfgarer bei 80 °C ca. 15 Min. lang pochieren, danach noch bei 60 °C für 10 Min. rasten lassen.
Aus der Folie auspacken und aufschneiden, die Schnittflächen mit Salz und Pfeffer würzen.

Für die Blumenkohl-Mousseline

- *500 g Blumenkohl*
- *100 ml Gemüsefond (siehe Grundrezepte S. 176)*
- *⅛ l Obers*
- *50 g Crème fraîche*
- *Salz, Pfeffer, Muskatnuss*

Den Blumenkohl im Gemüsefond mit Obers weich kochen, danach gut ausdrücken und mit der Crème fraîche fein aufcuttern oder mixen. Mit Salz, Pfeffer und Muskat abschmecken.

Für die Balsamico-Cranberrys

- *100 g Cranberrys*
- *80 ml Balsamico*
- *40 ml Kalbsjus (siehe Grundrezepte S. 179)*
- *1/16 l Portwein*
- *etwas Rohrzucker*

Den Zucker in einer Pfanne karamellisieren lassen, mit dem Portwein ablöschen, dann den Jus und den Balsamico dazugeben und kurz aufkochen lassen. Danach die Cranberrys hinzufügen und diese kurz mitkochen lassen.

Beim Anrichten mit dem Blumenkohl Punkte auf dem Teller aufdressieren und den aufgeschnittenen Rehrücken anrichten. Mit den Cranberrys ausgarnieren und servieren.

ZWEIERLEI

VON DER 60-°C-ÉTOUFFÉE-TAUBE

Zutaten

- *6 Étouffée-Tauben*
- *Salz, Pfeffer*
- *2 EL Dijon-Senf*
- *Kräuter (Rosmarin, Thymian etc.)*
- *2 Toastbrotscheiben, entrindet, kleinwürfelig geschnitten und in Erdnussöl gebacken*
- *Olivenöl zum Braten, Erdnussöl zum Backen*
- *100 ml Kalbsjus (siehe Grundrezepte S. 179)*
- *Ei, Mehl und Semmelbrösel zum Panieren*

- *300 g Belugalinsen (über Nacht in kaltes Wasser einweichen)*
- *6 EL Gemüsefond (siehe Grundrezepte S. 176)*

- *400 g Pastinaken*
- *Saft von 400 g Pastinaken*
- *2 EL Crème fraîche*

Die Tauben in Brust und Keule zerteilen. Die Keulen auslösen und die Brüste zurechtschneiden. Die Keulen werden paniert und beiseite gestellt.

Die Linsen in Wasser ohne Salz weich kochen lassen und danach erst salzen. Wenn man die Linsen davor salzt, verlängert sich die Kochzeit und die Linsen platzen auf. Vor dem Servieren die Linsen mit dem Gemüsefond erwärmen.

Die Pastinaken im Pastinakensaft weich kochen lassen und danach mit etwas Crème fraîche und Salz ca. 10 Min. in einem Thermomixer oder auch Cutter fein pürieren. Die Pastinaken sollen eine geschmeidige Konsistenz haben.

Die Taubenbrüste mit Salz, Pfeffer und den gehackten Kräutern einreiben und in einen Vakuumsack geben. Dann bei einer Wassertemperatur von 60 °C ca. 25 Min. pochieren lassen. Aus dem Vakuumsack nehmen, mit Dijon-Senf einstreichen und in gerösteten Toastbrotwürfeln wälzen, sodass diese haften bleiben. Die Taubenbrüste nochmals für 2–3 Min. in das ca. 140 °C heiße Backrohr geben und danach der Länge nach halbieren und anrichten. Die panierten Keulen in heißem Erdnussöl backen.

Das Pastinakenpüree auf dem Teller verstreichen, etwas vom Kalbsjus daraufgeben und mit der Taubenbrust und der panierten Keule anrichten.

SCHWEINEFILET AUF NUDELTEIGBLATT

Zutaten
- *800 g Schweinefilet*
- *Salz, Pfeffer, etwas Kümmel, gehackt*
- *etwas grobes Meersalz*
- *6 EL Kalbsjus (siehe Grundrezepte S. 179)*
- *Olivenöl*

Für den Kräutermantel
- *je 2 TL Petersilie und Thymian*
- *je 1 TL Kerbel, Schnittlauch, Rosmarin*
- *1 TL Pericon (Winterestragon)*
  (alles fein gehackt)

Für die Schalottenbutter
- *100 g Schalotten*
- *100 g Butter*

- *200 g Nudelteig weiß oder grün (siehe Grundrezepte S. 181)*
- *evtl. 150 g Erdäpfelpüree (siehe Kalbsbacken S. 122)*

Das Schweinefilet parieren und mit Öl einreiben, mit Salz, Pfeffer und Kümmel würzen, danach das Filet in den Kräutern gut wälzen und in einer Frischhaltefolie einpacken. Das Schweinefilet im Dampfgarer bei 80 °C 20 Min. pochieren, auspacken und bei 60 °C im Rohr warm stellen.

Die Butter in einer Kasserolle erwärmen und die fein geschnittenen Schalotten darin goldbraun rösten, danach sofort abseihen und beim Anrichten über den Nudelteig geben.

Den Nudelteig dünn ausrollen (Nudelmaschine auf der Stufe 2), danach in Salzwasser bissfest kochen, kurz in Olivenöl durchschwenken und am Teller anrichten. Zwischen die Nudelblätter gibt man die Schalotten und evtl. auch Erdäpfelpüree.

Das Schweinefilet aufschneiden und die Schnittflächen mit grobem Meersalz würzen.

Vorsicht: Das Fleisch soll nicht zu lange mit dem Salz liegen bleiben, da das Salz den Fleischsaft herauszieht und das Fleisch graue Punkte bekommt.

Mit Jus vollenden und servieren.

DESSERTS

APFELDESSERT „KRONPRINZ RUDOLF“

Apfel-Milchreis

Zutaten

- *2 Äpfel*
- *Abrieb einer ½ Bio-Zitrone*
- *2 TL Butter*
- *2 EL Honig*
- *½ l Milch*
- *100 g Rundkornreis*
- *1 kleine Prise Salz*
- *1 EL Zimt*
- *2 EL Fruchtzucker*

Milch mit Salz und der geriebenen Schale einer halben Bio-Zitrone in eine Pfanne geben, Butter beigeben und erhitzen; den Reis dazugeben und langsam bei schwacher Hitze kochen und anschließend ausquellen lassen. Die Äpfel waschen, halbieren, das Kerngehäuse entfernen und in kleine Stücke schneiden. Den Reis mit den Äpfeln, dem Fruchtzucker und dem Honig verfeinern, weitere 10 Min. garen lassen und ab und zu umrühren. Zucker mit Zimt vermengen und auf den Milchreis streuen.

Apfelkaltschale

Zutaten

- *2 große Äpfel, grob geschnitten*
- *75 g Zucker*
- *80 ml Wasser*
- *Saft von 1 Zitrone*
- *2 g Agar-Agar*
- *2 Äpfel, in kleine Würfel geschnitten, blanchiert*

Die grob geschnittenen Äpfel mit dem Zucker, Wasser und Zitronensaft so lange kochen, bis sich die Äpfel auflösen. Das Ganze durch ein Etamin abpassieren und mit dem Geleepulver abbinden, blanchierte Äpfel als Einlage geben.

→

Apfelflammerie

Zutaten

- *140 g Reis*
- *2 Äpfel*
- *½ l Milch*
- *90 g Fruchtzucker*
- *Prise Vanillezucker*
- *Schale von ½ Bio-Zitrone*
- *Prise Salz*
- *4 Bl. Gelatine*
- *½ l Obers*
- *2 EL Apfelbrand (für Kinder Apfelsaft verwenden)*

Die Äpfel waschen, schälen und in ganz kleine Würfel schneiden. Reis in Wasser aufkochen, abseihen; Milch mit Fruchtzucker, Vanillezucker, Zitronenschale und einer Prise Salz aufkochen lassen. Den Reis und die klein geschnittenen Äpfel dazugeben und zugedeckt 15–20 Min. unter ständigem Rühren weich kochen. Ausgedrückte Gelatine in die noch warme Reismasse geben – auskühlen lassen. Das Obers aufschlagen und mit dem Apfelbrand unterheben. In kleine Dariolformen abfüllen und für fünf Stunden kühlen.

Vanilleäpfel

Zutaten

- *100 ml Apfelsaft, frisch gepresst*
- *50 g brauner Zucker*
- *Perlen von 2 Äpfeln (die schönsten Apfelperlen erhält man mithilfe eines Parisienne-Ausstechers)*
- *2 Vanilleschoten, ausgekratzt*

Den Zucker in einem Topf karamellisieren lassen und mit dem Apfelsaft ablöschen, einige Minuten leicht köcheln lassen, bis sich der Zucker aufgelöst hat. Dann das Vanillemark und die Apfelperlen hinzufügen. Die Äpfel in dem heißen Fond garziehen lassen.

Heumilcheis

Zutaten
- *250 ml Obers*
- *8 Eigelb*
- *200 g Bergheu (wenn möglich über 1.200 m geerntet)*
- *70 g Fruchtzucker*
- *Mark von 2 Vanilleschoten*

Das Obers einmal aufkochen lassen und darin das Heu für ca. 4 Stunden ziehen lassen. Passieren und mit dem Fruchtzucker und der Vanille nochmals kurz aufkochen und mit den Eigelben zur Rose abziehen. Danach in Pacojet-Becher abfüllen oder in einer Eismaschine gefrieren lassen.

Heißer Apfelschaum

Zutaten
- *150 ml frisch gepresster Apfelsaft*
- *etwas Fruchtzucker und Zitronensaft*
- *2 g Iota*

Den Apfelsaft mit Fruchtzucker und Zitronensaft verrühren, das Iota einmixen. In eine ISI-Flasche mit einer Kapsel abfüllen; bei 70 °C warm stellen.

Nuss-Schmarren

Zutaten
- *150 ml Milch*
- *90 g glattes Mehl*
- *30 g Zucker*
- *3 Eier*
- *je eine Prise Salz und Vanillezucker*
- *2 EL Butter*
- *2 EL Nüsse, klein gehackt*

Die Eier in Eiklar und Dotter trennen. Milch, Mehl, Eidotter und eine Prise Salz und Vanillezucker zu einem glatten Teig verrühren. Das Eiweiß mit dem Zucker aufschlagen und unter die Eier-Milch-Masse heben. Im Ofen bei 180 °C für ca. 10 Min. backen. Danach in einer Pfanne mit etwas Zucker, klein gehackten Nüssen und etwas Butter karamellisieren lassen und auf dem Teller anrichten.

TOPFEN-NOUGAT-TASCHERL

AUF ZERKOCHTEN MARILLEN MIT MARILLENEIS

Zutaten
- *60 g Butter*
- *50 g Eier*
- *250 g Topfen*
- *150 g Mehl*
- *etwas Zitronenzeste und eine Prise Salz*

Für die Fülle
- *ca. 4 EL dressierfähiger Nougat*

Butter, Zitronenschale und Salz schaumig rühren. Nach und nach die Eier unterrühren, dann den Topfen und das Mehl, sodass sich der Teig ausrollen lässt. Den Teig in einer Frischhaltefolie eine Stunde rasten lassen, dann ausrollen und mit dem Nougat füllen.

Für das Marilleneis
- *200 g Marillen*
- *30 ml Champagner (oder auch Sekt oder Prosecco)*
- *10 ml Zitronensaft*
- *80 g Marillenmarmelade*
- *30 ml Wasser*

Alle Zutaten in einem Topf aufkochen lassen, danach in einem Mixer fein aufmixen und in einer Eismaschine gefrieren lassen oder in Pacojet-Becher abfüllen und bei Bedarf pacosieren.

Für die zerkochten Marillen
- *100 g Marillen, geschält und in kleine Stücke geschnitten*
- *40 g Zucker*
- *20 ml Wasser*
- *20 ml Weißwein*
- *4 cl Grand Marnier oder Marillenlikör*

Den Zucker karamellisieren lassen und mit dem Wasser ablöschen. Weißwein und Likör hinzufügen und kurz aufkochen. Nun die Marillenstücke hinzugeben und 10 Min. ziehen lassen.

OLIVENÖLEIS

IN PASSIONSFRUCHTKALTSCHALE

Zutaten

- *190 ml Milch*
- *1 Vanilleschote*
- *3 Dotter*
- *70 g Zucker*
- *80 ml Obers*
- *10 EL schwarzes Olivenpüree*
- *2 EL kalt gepresstes Olivenöl*

Die Masse über Dampf aufschlagen und in einer Eismaschine gefrieren lassen.

Für die Passionsfruchtkaltschale

- *6 große Passionsfrüchte*
- *120 g Passionsfruchtmark*
- *50 g Zucker*
- *8 cl Weißwein*
- *10 cl Wasser*
- *4 cl Grand Marnier*
- *etwas Olivenöl*

Den Zucker karamellisieren lassen und mit dem Wasser ablöschen, mit dem Weißwein und dem Fruchtmark aufgießen und das Karamell einkochen lassen. Mit dem Grand Marnier abschmecken und kalt stellen.

Für das Anrichten jeweils ein kleines Endstück der Passionsfrüchte abschneiden (so stehen sie dann besser in der Tellermitte). Dann in der Mitte durchschneiden, sodass man die Kerne mit einem kleinen Löffel herausstechen kann. Die Kaltschale in einen tiefen Teller geben und die Kerne dazu anrichten. Die ausgehöhlte Passionsfrucht in die Mitte setzen und das Olivenöleis eindressieren. Abschließend das Ganze mit ein paar Tropfen Olivenöl, z. B. Veronelli Leccino, beträufeln und servieren.

GEFÜLLTER GLACIERTER PARADEISER

MIT VANILLEEIS UND ORANGENSIRUP

Zutaten

- *26 Paradeiser*
- *Vanilleeis*

Für den Orangensirup

- *300 ml Orangensaft, frisch gepresst, ohne Fruchtfleisch*
- *300 g Zucker*
- *Mark von 1 Vanilleschote*
- *3 Sternanis*
- *3 Gewürznelken*

Den Zucker in einem Topf leicht karamellisieren lassen. Mit dem Orangensaft aufgießen und kochen lassen, bis sich der Zucker aufgelöst hat. Nun das Vanillemark, den Sternanis und die Nelken hinzufügen und auf die Hälfte einkochen, danach durch ein Sieb gießen und beiseite stellen.

Für die Füllung

- *150 g rote Äpfel*
- *150 g Birnen*
- *50 g Ananas*
- *50 g Mango*
- *2 g Ingwer*
- *3 Minzblätter*
- *1 TL Rosinen*
- *1 TL Pistazien*
- *1 Msp. Zimt, gemahlen*
- *2 TL Butter*
- *1 TL fein gehackte Orangenschale*
- *1 TL fein gehackte Zitronenschale*
- *2 TL Zucker*

Alle Früchte in kleine Würfel schneiden, Minze, Rosinen und Pistazien fein hacken, alles anschwitzen und kurz kochen lassen.

Tomaten schälen, entkernen (nur ein kleines Loch machen), mit der Früchtemischung füllen und im Ofen bei 200 °C 10 Min. garen. Mit dem entstandenen Sirup ein paar Mal übergießen.

Zum Servieren die Tomaten auf Teller setzen, mit dem Orangensirup übergießen und mit einer Kugel Vanilleeis servieren.

VARIATIONEN VON DER HIMBEERE

Himbeer-Tiramisu

Zutaten
- *2 Eier*
- *60 g Zucker*
- *250 g Mascarpone*
- *200 ml Obers*
- *100 ml Kaffee, 6 cl Rum, etwas Zucker zum Tunken*
- *200 g Eierbiskotten*
- *250 g frische Himbeeren und Olivenöl zum Marinieren*

Die Eier mit dem Zucker schaumig schlagen. Den Mascarpone nicht mitschlagen – nur einrühren; danach das geschlagene Obers vorsichtig unterheben. Mit in Kaffee, Rum und Zucker getunkten Biskotten in Gläsern anrichten. Zwischen jede Schicht kommen frisch mit Olivenöl marinierte Himbeeren.

Himbeer-Coulis

Zutaten
- *100 g frische Himbeeren*
- *20 g Fruchtzucker*
- *etwas Zitronensaft*
- *2 g Xantana zum Binden*

Die Himbeeren mit dem Zucker und dem Zitronensaft sehr gut mixen, durch ein Sieb passieren und mit dem Xantana nochmals gut verrühren.

Himbeereis

Zutaten
- *150 g frische Himbeeren*
- *100 g Himbeeren (TK)*
- *50 ml Wasser*
- *100 g Fruchtzucker*
- *2 cl Zitronensaft*

Alle Zutaten pürieren, durch ein Sieb streichen und in Pacojet-Becher abfüllen und einfrieren oder in einer Eismaschine gefrieren lassen.

Marinierte Himbeeren

Zutaten
- *120 g frische Himbeeren*
- *Veronelli Olivenöl Leccino*
- *ein paar Tropfen Zitronensaft*

Die Himbeeren mit dem Olivenöl und dem Zitronensaft vorsichtig mischen und so auf das Tiramisu geben und als Deko am Teller verteilen.

GIANDUJA-SCHOKOMOUSSE

MIT MUSCOVADO-EISCREME

Zutaten

- *150 ml Obers*
- *150 g Equatoriale Lactee von Valrhona (dunkle Schokolade mit 55 % Kakaoanteil), grob gehackt*
- *150 g Gianduja-Schokolade von Valrhona (Haselnuss-Kuvertüre mit 32 %), grob gehackt (man kann auch andere Schokoladesorten mit dem gleichen Kakaogehalt verwenden!)*
- *300 ml Obers, halb steif geschlagen*

Obers einmal aufkochen lassen und mit den gehackten Schokoladen glatt rühren. Das geschlagene Obers unterheben, in kleine Formen abfüllen und kalt stellen.

Für die Muscovado-Eiscreme

- *375 ml Milch*
- *125 ml Obers*
- *75 g Muscovado-Zucker*
- *½ Vanilleschote, ausgekratzt*
- *100 g Zucker*
- *50 g Crème fraîche*

Milch, Obers, Muscovado-Zucker und die Vanille aufkochen lassen. Den Zucker in einem Topf karamellisieren, mit der Zuckermilch ablöschen, Crème fraîche unterrühren und in einem Pacojet gefrieren lassen. Im Sommer ein Blatt Gelatine dazugeben.

ALLES RUND UM DIE ORANGE

Orangensorbet

Zutaten
- *200 ml frisch gepresster Orangensaft*
- *Zesten von 1 Bio-Orange, fein gehackt*
- *30 g Fruchtzucker*
- *30 ml Wasser*
- *3 cl Zitronensaft*
- *2 cl Grand Marnier*

Den Orangensaft mit den restlichen Zutaten aufkochen lassen. Das Ganze in einer Eismaschine gefrieren oder in Pacojet-Becher abfüllen und bei Bedarf pacosieren.

Orangenblätter

Zutaten
- *100 g gehackte Mandeln*
- *100 g Zucker*
- *30 g Mehl*
- *50 g flüssige Butter*
- *Saft von ½ Orange*
- *Zesten von 1 Bio-Orange*

Alle Zutaten zusammenmischen, dabei die Butter zuletzt untermengen. Kurz für ca. 20 Min. im Kühlschrank rasten lassen, danach dünn auf ein Backpapier aufstreichen und bei 180 °C ca. 10 Min. backen.

Campari Orange aufgeschäumt

Zutaten
- *150 ml Blutorangensaft*
- *40 g Fruchtzucker*
- *40 ml Campari*
- *1 Bl. Gelatine*

Blutorangensaft mit Fruchtzucker aufkochen, die eingeweichte Gelatine und den Campari in die heiße Masse geben und diese in eine ISI-Flasche abfüllen. Mit einer Patrone versehen und in einem Glas den Schaum anrichten.

Orangengelee

Zutaten
- *150 ml frisch gepresster Orangensaft, fein gesiebt*
- *20 g Fruchtzucker*
- *2 g Agar-Agar*

Den Orangensaft und den Zucker aufkochen. Das Agar-Agar hinzufügen und eine Minute leicht köcheln lassen. Beim Abfüllen sollte das Gelee nicht warm sein.

Tipp: Übrig gebliebenes Gelee kann man wieder verwenden, indem man es kurz aufkochen lässt.

→

Orangenmousse

Zutaten

- *100 ml frisch gepresster Orangensaft, fein gesiebt*
- *Zesten von 1 Bio-Orange, klein gehackt*
- *50 g Fruchtzucker*
- *2 cl Grand Marnier*
- *4 Bl. Gelatine*
- *100 g Sauerrahm*
- *80 ml Obers*

Den Orangensaft kurz aufkochen und die Zesten, den Fruchtzucker, den Grand Marnier und die aufgelöste und ausgedrückte Gelatine hinzugeben. Mit dem Sauerrahm verrühren, das Obers aufschlagen und in die kalte Masse unterheben. In runde, mit Folienband ausgelegte Formen (Durchmesser: ca. 5 cm) abwechselnd Orangenmousse und -gelee einfüllen. Dazwischen das Ganze immer im Kühlschrank stocken lassen.

Eingelegte Kumquats

Zutaten

- *200 g Kumquats, in Scheiben geschnitten und entkernt*

- *50 g Zucker*
- *30 ml Wasser*
- *50 ml Orangensaft*
- *5 ml Zitronensaft*
- *20 g Glukosepulver*
- *20 ml Grand Marnier*
- *1 Vanilleschote, ausgekratzt*
- *1 Nelke*
- *1 Sternanis*
- *1 Zimtstange*
- *2 Lorbeerblätter*
- *ca. 10 Korianderkörner*

Den Zucker in einem Topf karamellisieren lassen und mit dem Wasser ablöschen. Orangen- und Zitronensaft hinzufügen und kurz aufkochen lassen. Danach die restlichen Zutaten bis auf die Kumquats beigeben und für 20 Min. ziehen lassen. Das Ganze sieben und die Kumquats einlegen und nochmals aufkochen lassen; danach wegstellen und auskühlen.

VANILLEBUCHTELN

AUF SÜSSEM PARADEISERCONFIT UND PARADEISERSTAUB

Zutaten
- *1¼ kg Mehl*
- *100 g Zucker*
- *50 g Butter*
- *125 ml Milch*
- *10 g Germ*
- *Prise Salz*
- *3 Eier*
- *Zesten von ½ Bio-Zitrone*
- *160 ml „Bunte Fleischparadeiser"-Konfitüre von Erich Stekovics*

Ein kleines Dampfl aus Milch, Germ und etwas Mehl ansetzen. Die Butter und den Zucker schaumig schlagen, eine Prise Salz und die Zitronenzesten dazugeben, zwei Eier nach und nach einrühren. Den Abtrieb mit dem Dampfl vermengen und unter das Mehl mischen, die restliche Milch warm dazugeben und einen Teig kneten. Den Teig kurz gehen lassen, dann kleine Buchteln formen und mit der „Bunte Fleischparadeiser"-Konfitüre füllen. Die Buchteln dann in eine ausgebutterte Form geben, mit Ei bestreichen und an einem warmen Ort „gehen" lassen; anschließend ca. 20 Min. bei 170 °C backen.

Für den Paradeiserstaub
- *100 g getrocknete Paradeiserhaut*
- *100 g Staubzucker*

Die Paradeiserhaut und den Staubzucker im Thermomixer ganz fein cuttern.

Für das Paradeiserconfit
- *200 g geschälte, klein geschnittene Paradeiser*
- *50 g Fruchtzucker*
- *50 g Honig*
- *1 Vanilleschote, ausgekratzt*

Den Fruchtzucker mit dem Honig erhitzen, die Vanille dazugeben und die Paradeiser darin langsam erwärmen.

Tipp: Paradeiser können auch ausgezeichnet süß eingekocht werden und vielfältigst für Desserts in den Wintermonaten verwendet werden.

Die Buchteln mit dem Paradeiserconfit anrichten, mit der restlichen Konfitüre ausgarnieren und dem Paradeiserstaub vollenden.

Tipp: Für die Vanillebuchteln kann man auch hausgemachte Marmeladen verwenden. (siehe Grundrezepte S. 178 und S. 185)

CHAMPAGNERTÖRTCHEN

MIT TAMARILLOS

Zutaten

- *300 ml Champagner*
- *170 g Fruchtzucker*
- *7 Eigelb*
- *50 ml Zitronensaft*
- *4 Bl. Gelatine (oder 10 g Agar-Agar)*
- *20 ml Kirschwasser*
- *200 ml Obers*
- *50 g Eiweiß*

Champagner mit 120 g Zucker, den Eigelben und dem Zitronensaft über Dampf warm und kalt schlagen. Dann das Eiweiß mit dem restlichen Zucker aufschlagen, das Obers halb steif schlagen. Das Eiweiß und das Obers in die kalte Eiermasse unterheben. Nun die Gelatine auflösen und mit dem Kirschwasser vorsichtig unter die Masse heben. Anschließend das Ganze in vorbereitete Rundformen (Durchmesser: ca. 5 cm) abfüllen, für ca. 3 Stunden kühlen lassen.

Für die Tamarillos

- *200 g Tamarillos*
- *20 g Fruchtzucker*
- *30 ml Wasser*
- *5 ml Zitronensaft*
- *1 Bl. Gelatine*

Die Tamarillos schälen und aushöhlen. Danach mit dem Zucker und dem Wasser aufkochen und für 10 Min. leicht köcheln lassen. Das Ganze aufmixen, den Zitronensaft und die aufgelöste Gelatine hinzufügen und danach durch ein Sieb streichen. In Pacojet-Becher abfüllen und gefrieren lassen oder in einer Eismaschine gefrieren.

FREYRIE
FREYRIE
JUNIOR

SCHOKOLADE-GÂTEAU

MIT VANILLEEIS

Für den Brownieboden

- *2 Eier*
- *100 g brauner Zucker*
- *1 Msp. Vanillemark*
- *etwas Salz*
- *115 g flüssige Butter*
- *70 g dunkle Schokolade*
- *115 g Weizenmehl*

Die Eier, den Zucker, die Vanille und das Salz schaumig aufschlagen. Die Butter mit den Schokostücken schmelzen und anschließend zu der schaumig geschlagenen Eiermasse geben und gut verrühren. Das Mehl sieben und unterheben. Die Masse ca. 2 cm hoch auf ein mit Backpapier ausgelegtes Blech auftragen und im Ofen bei 170 °C ca. 12 Min. backen. Der Brownie sollte innen noch weich sein.

Für das Schokomousse

- *2 Eigelb*
- *Mark von 1 Vanilleschote*
- *160 g dunkle Schokolade (70 %)*
- *200 ml geschlagenes Obers*
- *90 g Eiweiß*

Die zwei Eigelb mit der Vanille über Dampf aufschlagen. Die Schokolade dazugeben und glatt rühren. Danach das geschlagene Obers und das Eiweiß unterheben. Die Masse auf dem Brownieboden aufstreichen und für ca. 10 Stunden kühl stellen. Danach den Schokoladekuchen vom Blech nehmen und in 8 x 3 cm große Rechtecke schneiden.

Foto Seite 164–165

Für das Vanilleeis

- *40 g Eigelb*
- *40 g Vollei*
- *180 ml Obers*
- *140 ml Milch*
- *100 g Zucker*
- *1 St. Tahiti-Vanille-Schote*
- *10 g Glukosepulver*

Das Vollei mit dem Eigelb verrühren. Das Obers mit der Milch, der ausgekratzten Vanilleschote und dem Zucker aufkochen. Die Eiermasse dazugeben und zur Rose abziehen. Das Glukosepulver hinzugeben und in einer Eismaschine gefrieren lassen.

Für den Hippenteig (zum Garnieren)

- *50 g Weizenmehl*
- *50 g Eiweiß*
- *50 g Staubzucker*
- *50 g flüssige Butter*

Alle Zutaten miteinander mischen und gut verrühren. Die Masse für ca. 2 Stunden kalt stellen. Um Hippenblättchen für die Garnitur in unterschiedlichsten Formen zu erhalten, die Hippenmasse mithilfe diverser Schablonen auf dem Backblech aufstreichen und im Ofen bei 190 °C backen.

Das Gâteau auf einem Teller anrichten, aus dem Vanilleeis eine Nocke stechen und auf den Kuchen geben und mit der Hippengarnitur vollenden.

ROTE RÜBE UND CRANBERRYS

Überbackene Cranberrys

Zutaten

- *125 g Topfen*
- *125 g Mascarpone*
- *2 Dotter*
- *1 EL Maizena*
- *2 Eiweiß*
- *80 g Fruchtzucker*
- *100 g Cranberrys*

Alle Zutaten außer dem Eiweiß und dem Zucker zu einem Teig verrühren. Eiweiß mit dem Zucker aufschlagen und untermengen. Die Früchte in Schälchen abfüllen und mit der Masse im Salamander überbacken oder im Backrohr bei Oberhitze gratinieren.

Cranberry-Rote-Rüben-Tartelette

Zutaten

- *120 ml Obers*
- *70 g Mehl*
- *2 Dotter*
- *25 g Butter*
- *1 EL Crème fraîche*
- *2 Eiweiß*
- *2 EL Zucker*

Für den Belag

- *50 g Cranberrys*
- *50 g Rote Rüben, kleinwürfelig geschnitten*

Alle Zutaten außer den Eiweiß und dem Zucker zusammenrühren. Eiweiß mit dem Zucker aufschlagen und unter die Masse heben, in gebutterte und gestaubte Tartelettformen füllen und mit den Cranberrys und den Roten Rüben belegen. Zuerst kurz auf einer Herdplatte erhitzen und danach ca. 10 Min. im Backrohr bei 200 °C fertig backen.

Rote-Rüben-Püree

Zutaten

- *200 g gekochte Rote Rüben*
- *etwas Läuterzucker*
- *etwas Zitronenzeste*
- *etwas Olivenöl*
- *Saft von ½ Zitrone*

Die Hälfte der Roten Rüben mit den restlichen Zutaten in einem Thermomixer fein pürieren und mit etwas Läuterzucker und Zitronenzeste abschmecken. Die restlichen Roten Rüben fein hacken und mit etwas Olivenöl und Zitronensaft abschmecken.

Das Rote-Rüben-Püree mithilfe eines Ausstechers, der gleich groß ist wie die Tarteletteform, auf dem Teller anrichten und darauf die fertig gebackene Tartelette platzieren. Die überbackenen Cranberrys dazu reichen.

SCHWARZWÄLDER KIRSCH 2012

Kirsch-Granité gekörnt

Zutaten

- *200 ml Kirschsaft*
- *20 g Fruchtzucker*
- *Mark von ½ Vanilleschote*

Den Kirschsaft mit dem Zucker und der Vanilleschote erwärmen. Das Ganze auf ein flaches Blech geben und mindestens vier Stunden gefrieren lassen. Danach mit einer Gabel abschaben.

Schokoladecrumble

Zutaten

- *20 g Kakaopulver*
- *50 g Weizenmehl*
- *70 g brauner Zucker*
- *50 g flüssige Butter*

Die trockenen Zutaten miteinander vermischen. Dann die Butter dazugeben und alles schnell verkneten. Auf ein Backblech krümeln und bei 180 °C im vorgeheizten Ofen ca. 10 Min. backen. Anschließend aus dem Ofen nehmen und auskühlen lassen.

Kirsch-Schokolade

Zutaten

- *12 frische Kirschen*
- *etwas geschmolzene Schokolade*

Die Kirschen mit Stiel in die Schokolade tunken und auf Backpapier abstellen und kalt stellen; dienen als Garnitur.

Weißer Schokoladeschaum

Zutaten

- *125 g weiße Schokolade (Ivoire)*
- *125 ml Obers*
- *40 g Zucker*
- *1 Msp. Iota*

Obers und Zucker erwärmen, Schokolade dazugeben und schmelzen lassen. Das Iota einrühren, dann in eine ISI-Flasche umfüllen und gut durchkühlen lassen. Zwei ISI-Patronen in die Flasche eindrehen und den Schaum in Shot-Gläser aufdressieren. Sollte der Schaum zu dickflüssig sein und sich nur schwer anrichten lassen, die Flasche unter warmes Wasser halten und gut durchschütteln.

Schokoladekuchen

Zutaten

- *200 g Zartbitterschokolade*
- *200 g Butter*
- *80 g brauner Zucker*
- *160 g Vollei*
- *60 g Mehl glatt*

Die Butter mit der Schokolade schmelzen. Vollei und Zucker cremig schlagen, die Butter-Schokolade-Mischung unterrühren und danach das Mehl unterheben. Auf ein mit Backpapier ausgelegtes Blech gießen, glatt streichen und im Ofen bei 170 °C ca. 20 Min. backen. Der Kuchen sollte in der Mitte noch weich sein. Den Kuchen kühl stellen.

Auf einen Teller ein Shot-Glas mit Schokoladeschaum geben, ein Stück Schokokuchen anrichten, darauf zwei Esslöffel mit Kirsch-Granité geben, die Schokocrumble auf das Teller streuen und das Ganze mit einer Kirsch-Schokolade dekorieren.

SÜSSE GRIESSNOCKERL

AUF HERZKIRSCHENRAGOUT UND KIRSCHEIS

Zutaten

- *½ l Milch*
- *120 g Butter*
- *20 g Zucker*
- *2 Vanilleschoten*
- *Salz*
- *125 g Grieß*
- *2 Eier*
- *Zesten von 1 Bio-Zitrone*

- *100 g Butterbrösel*

Die Milch mit der Butter, dem Zucker, den Vanilleschoten und einer Prise Salz aufkochen lassen. Nun den Grieß einrühren und auskochen. In die leicht ausgekühlte Masse die Eier und die Zitronenzesten einarbeiten. Die Masse erkalten lassen, danach Nockerl formen und in etwas Salzwasser kochen. Die Nockerl in Butterbröseln wälzen und auf den warmen Herzkirschen anrichten. Das Kirscheis extra in einem Cocktailglas anrichten und servieren.

Für das Herzkirschenragout

- *200 g Kirschen, entkernt*
- *80 g Zucker*
- *30 ml Weißwein*
- *6 cl Grand Marnier*
- *etwas Maizena zum Binden*

Den Zucker karamellisieren lassen und mit dem Weißwein aufgießen. Den Grand Marnier hinzufügen und die Kirschen dazugeben, einmal aufkochen und mit dem Maizena etwas abbinden. Vom Herd nehmen, auskühlen lassen und vor dem Anrichten kurz erwärmen.

Für das Kirscheis

- *200 g Kirschpüree*
- *120 ml Wasser*
- *50 g Fruchtzucker*
- *2 cl Zitronensaft*

Alle Zutaten einmal kurz aufkochen lassen und in einer Eismaschine gefrieren lassen.

TRÜFFEL
DINNER
FOR
FRIENDS

Produce of Brazil
Natural fruits

GRUND-REZEPTE

GRUNDREZEPTE

Basilikumöl

Zutaten für 350 ml
- *100 g Spinatblätter*
- *250 ml mildes Olivenöl*
- *100 g Basilikum*

Die Spinatblätter in Salzwasser blanchieren, in Eiswasser abschrecken. Danach die restlichen Zutaten in einem Thermomixer bei maximaler Drehzahl pürieren. Das Öl für ca. 10 Stunden kühl ruhen lassen, danach durch ein Sieb gießen.

Erdäpfelespuma

Zutaten für 500 g
- *200 g Ofenkartoffeln*
- *100 ml Haltbarmilch*
- *100 ml Gemüsefond*
- *100 g Nussbutter*
- *Salz, Pfeffer*

Die Ofenkartoffeln weich kochen, schälen und durch ein Sieb streichen. Danach mit den restlichen Zutaten in einem Thermomixer bei ca. 70 °C fein aufmixen. Mit Salz und Pfeffer abschmecken. In eine ISI-Flasche mit einer Patrone geben und warm stellen.

Farce-Grundrezept

Zutaten für 400 g
- *200 g Puten-, Wild-, Wachtel- oder Kalbfleisch oder Fisch*
- *200 ml Obers*
- *Salz, Pfeffer, Cayennepfeffer*

Das Fleisch durch einen Fleischwolf drehen und würzen. Dann mit dem Obers cuttern, bis eine geschmeidige Masse entsteht. Danach nochmals mit den Gewürzen abschmecken.

Gemüsefond

Zutaten für ca. 1 l
- *je 100 g Karotten, Staudensellerie, Lauch, Fenchel, Champignons, Schalotten*
- *2 reife Paradeiser*
- *4 Zweige Petersilie*
- *ca. 2 TL frische Kräuter wie Estragon, Liebstöckel*
- *Salz, Pfefferkörner weiß, Lorbeerblatt*
- *1½ l Wasser*
- *Olivenöl*

Das Gemüse waschen und klein schneiden. In einem Topf mit etwas Olivenöl anbraten und mit dem Wasser aufgießen. Die Gewürze und Kräuter hinzufügen und einmal aufkochen lassen, danach für ca. 40 Min. ziehen lassen, abpassieren und auskühlen lassen.

Fischfond

Zutaten für 1½ l

- *250 g Fischkarkassen (am besten eignen sich dafür Karkassen von Plattfischen wie Steinbutt, Seezunge oder Rotzunge)*
- *je 50 g Knollensellerie, Lauch, Fenchel, Champignons und Schalotten, klein geschnitten*
- *½ l Weißwein*
- *2 l Gemüsefond (siehe S. 176)*
- *frischer Dill*
- *Fenchelsamen, Lorbeer, weiße Pfefferkörner, Senfsaatkörner*

Die Fischkarkassen einige Stunden in kaltem Wasser auswässern. In einem Topf das klein geschnittene Gemüse mit Olivenöl anlaufen lassen, danach die Karkassen hinzugeben und das Ganze mit Weißwein und dem Gemüsefond aufgießen. Den Fond eine Stunde auf kleiner Stufe kochen lassen und dabei immer wieder die Trübstoffe abschöpfen. Danach die Gewürze hinzufügen und nochmals 30 Min. ziehen lassen. Abschließend durch ein Etamin abpassieren.

Fischrahm

Zutaten für ca. 1 l

- *100 g Knollensellerie, klein geschnitten*
- *100 g Champignons, klein geschnitten*
- *4 Schalotten, klein geschnitten*
- *2 Knoblauchzehen, klein geschnitten*
- *½ l Gemüsefond*
- *½ l Fischfond*
- *10 cl Pernod*
- *10 cl Noilly Prat*
- *¼ l Weißwein*
- *100 g Crème fraîche*
- *50 g Mascarino*
- *100 ml Olivenöl*

Die klein geschnittenen Schalotten mit den Champignons und dem Knoblauch in Olivenöl anlaufen lassen. Das Ganze soll keine Farbe nehmen. Den Sellerie hinzufügen und kurz andünsten lassen. Mit dem Noilly Prat, Pernod und Weißwein aufgießen, nun den Fischfond und den Gemüsefond hinzufügen und das Ganze um ein Drittel einkochen lassen. Mit einem Stabmixer pürieren, durch ein feines Sieb passieren und mit der Crème fraîche und dem Mascarino aufmixen. Zum Schluss nochmals abschmecken.

Gremolata für Fisch oder Fleisch

Zutaten für 250 g

- *Schale von je 1 Bio-Orange und Bio-Zitrone*
- *100 ml Olivenöl*
- *1 Bund Petersilie*
- *1 Bund Basilikum*
- *½ Knoblauchzehe*
- *1 TL Rosmarinnadeln*
- *½ getrocknete Chilischote*

Die Orangen- und Zitronenschalen ganz fein hacken. Das Öl mit den restlichen Zutaten fein aufmixen.

Die Gremolata ist gekühlt drei bis vier Wochen haltbar. Sie gibt Saucen für Lamm, Wild, Rind, Kalb, Schwein und Fisch einen sehr intensiv-würzigen Geschmack.

Himbeer-Rosenwasser-Marmelade

Zutaten für 2 kg

- *1 kg Himbeeren*
- *1 kg Gelierzucker*
- *200 ml Rosenwasser*
- *etwas Ascorbinsäure*

Die Himbeeren mit dem Gelierzucker aufkochen, das Rosenwasser hinzugeben und mit einem Mixer aufmixen. In Einmachgläser abfüllen und bei 88 °C pochieren. Die Marmelade hält sich einige Monate im Kühlschrank.

Hühnerfond

Zutaten für ¾ l

- *1 kg Hühnerklein*
- *1 TL Salz*
- *1 Zwiebel*
- *2 Möhren*
- *¼ Sellerieknolle mit Grün*
- *1 kleine Stange Porree*
- *1 Paradeiser*
- *etwas Liebstöckel*
- *6 Pfefferkörner*
- *einige Zweige Thymian*
- *1 Lorbeerblatt*

Das Hühnerklein abwaschen und in einen großen Topf geben. 1½ Liter Wasser und Salz dazugeben und aufkochen. Immer wieder abschäumen, damit der Fond klar bleibt. Sobald das Wasser kocht, die Hitze reduzieren. Klein geschnittenes Gemüse und Kräuter dazugeben und ca. 2 Stunden leicht köcheln lassen, bis das Hühnerklein gar ist. Die Hühnerteile herausnehmen, den Fond durch ein Sieb geben, entfetten und abkühlen lassen. Der Fond lässt sich portionsweise einfrieren oder bis zu drei Tage im Kühlschrank aufbewahren. Kochend heiß kann man ihn auch in Rexgläser füllen; die Gläser verschließen und umgedreht etwa fünf Minuten stehen lassen. Im Kühlschrank aufbewahrt, hält er sich rund drei bis vier Wochen.

Kalbsjus – die „Königin der Saucen"

Zutaten für ca. 1 l

- *etwas Olivenöl*
- *4 kg Kalbsknochen (aufgeteilt in Fleisch-, Gelenks- und Rohknochen)*
- *1¼ l Rotwein*
- *100 g Tomatenmark, in Olivenöl angeröstet*
- *je 100 g Röstgemüse (in kleine Würfel geschnitten) von roten Karotten, Sellerie, Lauch, roten Zwiebeln (siehe S. 182)*
- *1½ l Gemüsefond (siehe S. 176)*
- *1 EL Zucker*
- *2 Zweige Rosmarin und Thymian*
- *1 TL Knoblauchpaste (siehe S. 180)*
- *Salz, Pfeffer und Maizena zum Abbinden*

Die Kalbsknochen im Ofen bei 180 °C ca. 2 Stunden lang rösten. In der Zwischenzeit in einem großen Kochtopf das Röstgemüse dunkelbraun anrösten. Das Gemüse aus dem Topf nehmen und die Knochen aus dem Ofen im Topf weiterrösten. Nun das Tomatenmark hinzufügen und mit einem ¼ Liter Rotwein aufgießen und wieder einreduzieren lassen; den Vorgang wiederholen, bis 1 Liter Rotwein aufgebraucht ist. Nun mit Gemüsefond das Ganze aufgießen und ca. 30 Min. langsam köcheln lassen. Dabei immer wieder die Trübstoffe und das Öl abschöpfen. Dann das Kalbsjus durch ein Sieb passieren.

Das gebratene Röstgemüse in einem Topf nochmals anbraten, mit etwas Zucker karamellisieren und mit einem ¼ Liter Rotwein ablöschen; das Ganze einreduzieren lassen und mit dem Kalbsjus aufgießen. Die Kräuter hinzufügen und mit Salz, Pfeffer und der Knoblauchpaste würzen. Das Jus für 30 Min. köcheln lassen, danach durch ein feines Etamin abpassieren, Maizena mit etwas Rotwein anrühren und das Jus leicht abbinden.

Für die Herstellung von Wildjus, Geflügeljus oder Lammjus verwende ich dieselbe Rezeptur mit dem entsprechenden Kochgut, also Wild-, Geflügel oder Lammknochen.

Klärfleisch

Zutaten für 350 g

- *300 g fettfreies Rindfleisch*
- *1 kleine Zwiebel*
- *1 kleine Karotte*
- *1 kleines Stück Knollensellerie*
- *4 Eiweiß*

Das Fleisch waschen, mit Küchenpapier abtrocknen und in größere Würfel schneiden. Das Gemüse schälen und mit dem Fleisch durch den Fleischwolf drehen. Diese Masse mit dem Eiweiß innig vermengen. Für zwei bis drei Stunden kalt stellen.

Knoblauchpaste

Zutaten für 300 g
- *200 ml Olivenöl*
- *100 g Knoblauch*
- *Salz, Pfeffer*

Das Olivenöl mit dem Knoblauch und den Gewürzen gut aufmixen. Die Paste hält in einem Rexglas gut gekühlt ca. 3 Wochen.

Kräuteröl

Zutaten für 200 ml
- *100 ml Olivenöl*
- *2 TL Rosmarinnadeln*
- *2 TL Thymian, abgezupft*
- *2 Bund Basilikum*
- *1 Bund Petersilie*
- *etwas Koriander, etwas Kerbel*

Das Olivenöl mit den Kräutern aufmixen.

Ich verwende das Kräuteröl als Fleischmarinade, indem ich das Fleisch damit bestreiche und vakuumiere.

Krebs- oder Hummersauce

Zutaten für ca. 1 l
- *1 kg Krebskarkassen*
- *100 ml Olivenöl zum Anbraten*
- *100 g weißes Röstgemüse wie Lauch, Sellerie und Fenchel, in kleine Würfel geschnitten*
- *100 g Tomatenmark*
- *etwas Knoblauchpaste*
- *zum Würzen Salz, Pfeffer, Kamillentee, Zucker, Curry, Paprikapulver*
- *1 l Gemüsefond (siehe S. 176)*
- *1 l Fischfond (siehe S. 177)*
- *½ l Schlagobers*
- *50 g Crème fraîche*
- *50 g Mascarino*

Die Krebskarkassen in Olivenöl langsam anbraten, nun das Röstgemüse hinzufügen und mitrösten, bis es leicht Farbe genommen hat. Das Tomatenmark beigeben und ebenfalls kurz mitrösten lassen. Danach mit dem Gemüsefond ablöschen und mit dem Fischfond aufgießen. Nun die Gewürze dazugeben und die Sauce bis auf die Hälfte einreduzieren. Den Rahm einrühren, Knoblauchpaste dazugeben und nochmals kurz aufkochen lassen. Die Sauce nun durch ein Sieb passieren und mit der Crème fraîche und dem Mascarino aufmixen.

NUDELTEIGE

Weißer Nudelteig

Zutaten für 1,8 kg
- *1 kg Mehl (Extra)*
- *20 Eigelb*
- *5 Eier*
- *3 EL Olivenöl*
- *etwas Salz, Muskat und Pfeffer weiß*

Eier, Eigelb, Olivenöl und die Gewürze in einer Schüssel gut verrühren. Nun das Mehl hinzugeben und mit den Händen so lange kneten, bis sich der Teig von der Schüssel löst. Der Nudelteig muss schön glatt sein und sollte dennoch eine feste Konsistenz haben. Das Ganze nun zu einer Kugel formen und für ca. 2 Stunden rasten lassen. Danach kann man den Teig mit einer Nudelmaschine treiben und je nach Wunsch feine oder breite Nudeln herstellen.

Roter Nudelteig

Zutaten für 1½ kg
- *1 kg Mehl (Extra)*
- *12 Eigelb*
- *1 EL Olivenöl*
- *etwas Salz, Muskat und Pfeffer weiß*
- *250 g Tomatenmark*

Eier, Eigelb, Olivenöl, Tomatenmark und die Gewürze in einer Schüssel gut verrühren. Die weitere Zubereitung ist gleich wie beim weißen Nudelteig.

Grüner Nudelteig

Zutaten für 1,4 kg
- *1 kg Mehl (Extra)*
- *8 Eigelb*
- *3 EL Olivenöl*
- *etwas Salz, Muskat und Pfeffer weiß*
- *150 g ausgedrückter Spinat, fein aufgemixt*

Eier, Eigelb, Olivenöl, Spinat und die Gewürze in einer Schüssel gut verrühren. Die weitere Zubereitung ist gleich wie beim weißen Nudelteig.

Schwarzer Nudelteig

Zutaten für 1¼ kg
- *1 kg Mehl (Extra)*
- *12 Eigelb*
- *6 EL Olivenöl*
- *etwas Salz, Muskat und Pfeffer weiß*
- *100 g Tintenfisch-Tinte (Sepia-Tinte)*

Eier, Eigelb, Olivenöl, Sepia-Tinte und die Gewürze in einer Schüssel gut verrühren. Die weitere Zubereitung ist gleich wie beim weißen Nudelteig.

Ofenparadeiser

Zutaten für 6 Portionen
- *18 Stück Rispenparadeiser*
- *1 rote Zwiebel, klein geschnitten*
- *2 EL Thymian*
- *Olivenöl*

Die Paradeiser in einer Pfanne mit Olivenöl, Thymian und der klein geschnittenen roten Zwiebel im vorgeheizten Rohr bei 200 °C ca. 10 Min. braten. Danach zudecken und für 5 Min. ziehen lassen.

Röstgemüse (Mirepoix-Gemüse)

Zutaten für 200 g
- *50 g Karotten*
- *50 g Sellerie*
- *50 g Zwiebel*
- *50 g Lauch (alles in ½ cm große Würfel geschnitten)*
- *1 Knoblauchzehe*

Karotten und Sellerie anbraten, dann die Zwiebel hinzufügen und mitbraten, danach den Lauch und Knoblauch beigeben.

Das Röstgemüse verwendet man als Saucenansatz und zum Beimengen für Bratenstücke.

RAVIOLITEIGE

Weißer Ravioliteig

Zutaten für 2 kg
- *1 kg Mehl (doppelgriffig)*
- *40 Eigelb*
- *4 Eier*
- *etwas Olivenöl, Salz, Muskat und Pfeffer weiß*

Grüner Ravioliteig

Zutaten für 1½ kg
- *1 kg Mehl (doppelgriffig)*
- *20 Eigelb*
- *100 g ausgedrückter Spinat, fein aufgemixt*
- *etwas Olivenöl, Salz, Muskat und Pfeffer weiß*

Roter Ravioliteig

Zutaten für 1½ kg
- *1 kg Mehl (doppelgriffig)*
- *10 Eigelb*
- *2 Eier*
- *100 g Tomatenmark*
- *etwas Olivenöl, Salz, Muskat und Pfeffer weiß*

Der Ravioliteig wird gleich zubereitet wie der Nudelteig, nur ist der Ravioliteig weicher und lässt sich somit besser verarbeiten.

PESTOS

Basilikumpesto

Zutaten für 600 g

- *250 ml Olivenöl*
- *200 g Basilikum (am besten Pestobasilikum)*
- *etwas Knoblauchpaste (siehe S. 180)*
- *100 g Pinienkerne, leicht angeröstet (oder auch geschälte Mandeln)*
- *100 g geriebener Parmesan*

Alle Zutaten in einem Mixer gut pürieren. Das Pesto am besten in Rexgläsern aufbewahren, mit einer dünnen Olivenölschicht bedeckt.

Bärlauchpesto

Zutaten für 500 g

- *250 ml Olivenöl*
- *200 g Bärlauch*
- *100 g Pinienkerne, leicht angeröstet (oder auch geschälte Mandeln)*
- *50 g geriebener Parmesan*

Paradeiserpesto

Zutaten für 600 g

- *300 ml Olivenöl*
- *150 g halb getrocknete Paradeiser*
- *100 g geschälte Mandeln*
- *50 g geriebener Parmesan*

Rucolapesto

Zutaten für 600 g

- *250 g Olivenöl*
- *200 g Rucola*
- *100 g Pinienkerne, leicht angeröstet (oder auch geschälte Mandeln)*
- *50 g geriebener Parmesan*

Das Bärlauchpesto, Paradeiserpesto und Rucolapesto werden in derselben Weise zubereitet wie das Basilikumpesto.

Tipp: Man kann auch einen Teil der Gläser tiefkühlen und so das ganze Jahr über selbstgemachtes Pesto genießen.

Rucolaöl

Zutaten für 300 ml

- *200 ml Olivenöl*
- *100 g Rucola*
- *Salz, Pfeffer*

Das Olivenöl mit dem Rucola, etwas Salz und Pfeffer aufmixen. Für 20 Min. ziehen lassen und danach durch ein feines Haarsieb abpassieren. Das Öl hält gekühlt ca. 2 Wochen.

Tomaten-Concassée

Zutaten für ca. 300 g

- *5 Tomaten*

Die Tomaten in kochendem Wasser kurz blanchieren, in Eiswasser abschrecken und die Haut abziehen. Tomaten halbieren, entkernen und in Würfel schneiden.

Steinpilzrahm

Zutaten für ca. 1 l

- *10 Schalotten*
- *80 ml Olivenöl*
- *2 Knoblauchzehen*
- *200 g Steinpilze (man kann auch TK-Steinpilze verwenden)*
- *1 l Gemüsefond (siehe S. 176)*
- *½ l Schlagobers*
- *¼ l Weißwein*
- *Salz, Pfeffer, Muskatnuss*
- *2 Lorbeerblätter*
- *100 g Crème fraîche*
- *50 g Mascarino*

Schalotten und Knoblauch fein hacken. Die Schalotten in Olivenöl langsam braun rösten, dann den Knoblauch und die Steinpilze hinzufügen. Danach mit dem Weißwein ablöschen, mit dem Gemüsefond aufgießen, salzen, pfeffern und die Muskatnuss und die Lorbeerblätter hinzufügen. Das Ganze für 20 Min. langsam köcheln lassen, danach das Schlagobers hinzugeben. Nun um ein Drittel einkochen lassen und mit einem Stabmixer pürieren, durch ein feines Sieb passieren und mit Crème fraîche und Mascarino aufmixen. Nochmals abschmecken.

Weißer Paradeiserfond

Zutaten für ½ l

- *2 kg reife Paradeiser, püriert*
- *2 Schalotten, grob gewürfelt*
- *½ Knoblauchzehe*
- *3 Lorbeerblätter*
- *1 Bund Basilikum, grob geschnitten*
- *80 ml Obers*
- *Salz, Cayennepfeffer, Zucker*

Die Paradeiser mit Schalotten, Knoblauch, Lorbeer und dem Basilikum nochmals kurz aufmixen. Anschließend in ein Etamin geben und über einem Topf für ca. 5 Stunden abtropfen lassen. Den gesammelten klaren Paradeiserfond mit dem Obers aufkochen und um ein Drittel einreduzieren lassen. Mit Salz, Cayennepfeffer und dem Zucker abschmecken. Kurz vor dem Servieren mithilfe eines Stabmixers aufschäumen und anrichten.

Zwetschken-Rosmarin-Marmelade

Zutaten für 2 kg

- *1 kg Zwetschken*
- *1 kg Gelierzucker*
- *100 ml Olivenöl*
- *100 g Rosmarinnadeln*
- *etwas Ascorbinsäure (erhältlich in jeder Apotheke)*

Die Zwetschken mit dem Gelierzucker aufkochen lassen, danach die restlichen Zutaten hinzufügen und mit einem Mixer fein pürieren. In Einmachgläser abfüllen und bei 88 °C pochieren. Die Marmelade hält sich einige Monate im Kühlschrank.

DANKSAGUNG

Ich möchte mich an dieser Stelle ganz herzlich bei meinen Mitarbeitern bedanken! Besonderer Dank gilt den Stützen meiner Mannschaft, die mit ihrem Einsatz und Können maßgeblich zum Erfolg des „See Restaurant Saag" beigetragen haben. Sie haben das Lokal mit seiner Gourmetküche, dem exzellenten Service und dem stimmungsvollen Ambiente weit über die Grenzen unseres Landes hinaus bekannt gemacht und so viele Gäste dazu motiviert, eine weite Anreise in Kauf zu nehmen, um in den Genuss unserer österreichisch-mediterranen Küche zu kommen. Herzlichen Dank an Antonio Ponta, Ines Hofstadler, Stefanie Salzer und Nicole Thaler!

Ebenso möchte ich mich bei meiner Gattin Kerstin für ihr großes Verständnis und ihre Toleranz bedanken. In der Zeit, die ich mit ihr und meinen Kindern verbringen darf, tanke ich die Energie, um jeden Tag mein Bestes zu geben. Ohne meine Familie wäre ich nicht da, wo ich zurzeit stehe, ich liebe euch über alles und danke euch, dass ihr mich so unterstützt!

Ein großes Dankeschön gilt ebenso meinem Geschäftspartner und Freund Robert Glock, der mir meinen Traum vom eigenen Lokal ermöglicht hat.

Weiters möchte ich mich bei meinem Fotografen Werner Krug bedanken, der mich gelehrt hat, ohne viel Aufwand und mit einfachsten Mitteln die kulinarischen Details ins rechte Licht zu setzen, und viel Geduld dabei bewiesen hat.

Zum Schluss auch ein großes Dankeschön an den Verlag, an Frau Mag. Gerda Schaffelhofer und Herrn Dr. Johannes Sachslehner, und an den Lektor, Herrn Mag. Josef Weilguni. Ohne sie und ihre Begeisterung für dieses Projekt wäre dieses Buch nicht entstanden. Vielen Dank, dass Sie mich alle so unterstützt und an mich und das Buch geglaubt haben.

Hubert Wallner

REGISTER

Kochen mit Kräutern entspricht dem Trend der Zeit: Frische, gesunde, naturbelassene Zutaten sind das Um und Auf für vitale und köstliche Gerichte. Noch dazu warten die geschmackvollen Zutaten oft vor dem eigenen Haus nur darauf, gepflückt zu werden - im Garten, auf dem Balkon, im Wald. Bestens bekannte Kräuter wie Basilikum oder Salbei kommen in diesem Kochbuch natürlich ebenso zur Geltung wie solche, die vielleicht nicht jedem so vertraut sind - etwa Ysop, Brunnenkresse oder Giersch.
Die Fülle der Natur ist schier unerschöpflich und bietet daher Stoff für immer wieder neue Ideen. Nie zuvor war so viel „anregende" Abwechslung auf dem Speiseplan - Formen, Farben, Duft und Geschmack der Kräuter und Blüten sprechen alle Sinne an.

ALISON WALKER
Aus Freude am
Landleben
Genussrezepte für die Vorratskammer
edition styria